Dieses Buch ist der unveränderte Reprint einer älteren Ausgabe.

Erschienen bei FISCHER Digital

Hedderichstr. 114, D-60596 Frankfurt am Main

Printed in Germany
ISBN 978-3-596-30723-4

Fischer

Weitere Informationen finden Sie auf
www.fischerverlage.de.

Am 26. Juni 1991 feierten die Menschen in Slowenien und Kroatien die Unabhängigkeit ihrer Republiken. Im Morgengrauen des folgenden Tages rollten die Panzer der Jugoslawischen Armee aus den Kasernen. Mitten in Europa beginnt ein Krieg von ungeheurer Grausamkeit und Brutalität. Der Bürgerkrieg zwischen Serben und Kroaten wird bald zu einem Eroberungskrieg der Jugoslawischen Armee in Kroatien.

Der vorliegende Band begleitet die Geschehnisse des Krieges, wie sie aus nächster Nähe erlebt worden sind. Die Autorin, Susanne Gelhard, hat vom ersten Tag an als Fernsehkorrespondentin des ZDF über diesen Krieg berichtet. Sie hat die Belagerung der slowenischen Hauptstadt Ljubljana durch die Jugoslawische Armee erlebt, dann die Kämpfe in Kroation. Sie war im eingeschlossenen Dubrovnik und im zerstörten Vukovar; auch in Sarajevo war sie dabei. Doch dieser Band liefert nicht nur erschütternde Berichte über den Kriegsverlauf selbst, sondern darüber hinaus Hintergrundinformationen und Analysen.

Susanne Gelhard, 1957 geboren, arbeitet als Fernsehkorrespondentin beim ZDF.

Susanne Gelhard

Ab heute ist Krieg

Der blutige Konflikt im ehemaligen Jugoslawien

Fischer
Taschenbuch
Verlag

Die Abbildungen stellten uns zur Verfügung:
© *US-PRESS, Wien* 89
© *ITN*, London 103
© *Susanne Gelhard* 36, 111, 133, 149
© *Danielle Proskar* 14, 18, 23, 49, 130, 145, 152
© *Patrick Ritter* 33, 35, 42, 45, 65, 73, 74, 92, 93, 96, 106, 115, 120, 122, 137, 140, 150, 153, 155
© *Vjiesni* 87

Originalausgabe
Veröffentlicht im Fischer Taschenbuch Verlag GmbH,
Frankfurt am Main, August 1992

Umschlaggestaltung: Buchholz/Hinsch/Hensinger
Umschlagfoto: © 1991 Patrick Ritter
Satz: Fotosatz Otto Gutfreund GmbH, Darmstadt
Druck und Bindung: Clausen & Bosse, Leck
Printed in Germany
ISBN 3-596-11496-9

Inhalt

Vorwort 8
1. Slowenien: Nach dem Fest 9
2. Ljubljana: Belagerte Stadt 23
3. Jetzt kommt Kroatien an die Reihe 31
4. Eine Reise in die Krajina 37
5. Die Massaker 48
6. Mißbrauch der Vergangenheit 61
7. Die Hetzer: Milošević, Tudjman und die Medien . . . 70
8. Jagd auf Journalisten 84
9. Präsident ohne Macht 92
10. Dubrovnik: Die Welt wacht auf 102
11. Der Fall von Vukovar 114
12. Auf der Flucht 124
13. Vom Friedensstifter zum Besatzer:
Die Jugoslawische Armee 132
14. Die hilflosen Helfer 142
15. Der Krieg geht weiter: Bosnien-Herzegowina 154

FAZ
A. Sturm

ÖSTERREICH
UN
Drau
Maribor
(Marburg)
SLOWENIEN
ITAL.
Ljubljana
(Laibach)
Sava
Zagreb
KROATIEN
Triest
Sisak
Nova Gradiška
Karlovac
Rijeka
Dvor
Bihać
Plitvice
Banja Luka
BOSN
Travnik
HERZEG
Zadar
Knin
Šibenik
Split
Mostar
Dubrovni
Adria
ITALIEN
150 km
ast.

RUMÄNIEN
VOJVODINA
Novi Sad
Sava
Duna
Belgrad
Kragujevac
Bor
Čačak
SERBIEN
Niš
Novi Pazar
MONTENEGRO
Vranje
Priština
Titograd
(Podgorica)
KOSOVO
BULGARIEN
Skopje
MAZEDONIEN
ALBANIEN
GRIECHENLAND

Vorwort

Mehr als ein Jahr nach Kriegsbeginn im ehemaligen Jugoslawien wüten die Kämpfe in Bosnien-Herzegowina und Kroatien grausamer denn je. In Sarajevo werden Zivilisten brutal zusammengeschossen, auf Mostar fallen Bomben, die Altstadt von Dubrovnik wird erneut angegriffen, und in Osijek müssen die Menschen weiter in Schutzkellern dahinvegetieren. Serben, Moslems und Kroaten sind hoffnungslos verfeindet. Die Jugoslawische Armee, die sich in Bosnien-Herzegowina mittlerweile Serbische Armee nennt, setzt ihren Eroberungskrieg erbarmungslos fort. Der größte Flüchtlingsstrom in Europa seit Ende des Zweiten Weltkriegs setzt sich in Richtung Westeuropa in Bewegung. Die Europäische Gemeinschaft schaut hilflos zu. Die Friedensmission der Vereinten Nationen ist gefährdet.

Der vorliegende Band ist eine Chronik dieses Krieges. Er enthält die Beobachtungen und Gedanken einer politischen Beobachterin, die die Entwicklung im ehemaligen Jugoslawien während des letzten Jahres fast ununterbrochen selbst miterlebt hat. Es ist ein sehr persönliches Buch – der Versuch, die Ereignisse in Slowenien, Kroatien und Bosnien-Herzegowina näherzubringen. Der anscheinend plötzliche Ausbruch an Haß und Gewalt im ehemaligen Jugoslawien ist für viele, besonders in Westeuropa, unverständlich und nur schwer nachzuvollziehen. Ich möchte das Unvorstellbare näherbringen, indem ich über das berichte, was ich selbst gesehen und erfahren habe.

Schlußbetrachtungen zum Krieg im ehemaligen Jugoslawien sind verfrüht. Kein Mensch kann heute ein Ende des Konflikts absehen. Der Krieg mitten in Europa und seine Folgen gehen uns alle an. Auch das will dieses Buch vermitteln.

Wien, im Juni 1992

1. Slowenien: Nach dem Fest

Es war am 27. Juni 1991 kurz nach sechs Uhr morgens, zwei Tage nach den Unabhängigkeitserklärungen Sloweniens und Kroatiens. In meinem Hotelzimmer in Ljubljana klingelte das Telefon. Die aufgeregte Stimme des Dolmetschers: »Die Panzer stehen vor der Stadt. Sie sind bis zum Flughafen vorgerückt.« Jetzt war also doch eingetreten, was alle befürchtet, aber niemand so richtig geglaubt hatte: Die Jugoslawische Armee machte ihre Drohungen wahr. Sie wollte die Unabhängigkeit Sloweniens mit Gewalt verhindern.

Wenig später war unser Team unterwegs in Richtung Flughafen Ljubljana. An diesem Tag begann der Krieg.

Bis zu diesem Zeitpunkt hatte noch Hoffnung bestanden, daß die Jugoslawische Armee die Entscheidung respektieren würde, die die Abgeordneten des slowenischen Parlaments am Abend des 25. Juni 1991 getroffen hatten. Sie hatten in die Verfassung aufgenommen, was die Bürger Sloweniens schon im Dezember zuvor mit einem Referendum und überwältigender Mehrheit als Volkswillen kundgetan hatten: Die Selbständigkeit und Unabhängigkeit ihrer Republik. Mit 193 Ja-Stimmen und fünf Enthaltungen machten die Abgeordneten den Weg frei für eine neue, bessere Zukunft – wie sie hofften.

Ganz so sicher vor der Jugoslawischen Armee und der Zentralregierung in Belgrad fühlten sie sich jedoch schon an diesem Tag offenbar nicht, denn die Abstimmung im Parlament fand ganz überraschend einen Tag früher als geplant statt. Die slowenische Regierung fürchtete Störmanöver aus Belgrad, politische und militärische. »Wir müssen damit rechnen, daß es zu Zwischenfällen und Provokationen kommt«, meinte der slowenische Außenminister Dimitrij Rupel noch am Tag der Unabhängigkeitserklärung. »Aber eine massive Besetzung Sloweniens wird es nicht geben.«

Ahnte der Minister wirklich nicht, was seiner Republik drohte? Oder war es reiner Zweckoptimismus? Ihre gerade beschlossene Unabhängigkeit nahmen die Menschen in Slowenien jedenfalls merkwürdig ruhig, ja fast schon bedrückt zur Kenntnis. Sie fürchteten die Reaktionen aus Belgrad.

»Natürlich freuen wir uns, zugleich sind wir aber auch besorgt«, meint eine Slowenin, die ich am Morgen nach der Unabhängigkeitserklärung nach ihren Erwartungen frage. »Ich kann noch nicht glauben, daß diese Unabhängigkeit nun Wirklichkeit werden soll.«

Wie berechtigt ihre Sorge war, sollte sich schon einige Stunden später zeigen, als die Jugoslawische Armee sich anschickte, sämtliche Grenzposten in Slowenien zu besetzen und die Slowenen, die sie einnehmen wollen, von dort zu vertreiben.

Wer der Armee dazu den Befehl gab, ist nicht geklärt. Ihre Befehlshaber berufen sich auf eine Anweisung des damaligen jugoslawischen Ministerpräsidenten Ante Marković. Der aber soll sie lediglich gebeten haben, die Posten entlang der slowenischen Grenze, die bis dahin von slowenischen Zöllnern und Armeesoldaten gemeinsam kontrolliert wurden, zu halten. Anscheinend hat er außerdem die Armee um Unterstützung gebeten, die Grenzen und damit die Einheit Jugoslawiens zu schützen. Ein ausdrücklicher Marschbefehl war das nicht, eher ein indirekter.

Marković war als Ministerpräsident ohnehin nicht befugt, der Armee Befehle zu erteilen, da laut jugoslawischer Verfassung das Staatsoberhaupt Oberbefehlshaber der Armee ist. Ein Staatsoberhaupt wiederum gab es in Jugoslawien zu diesem Zeitpunkt überhaupt nicht, da die Vertreter Serbiens und ihre Verbündeten eine Wahl verhindert hatten. Die Armee agierte also ohne Führung. Das Hilfegesuch des Ministerpräsidenten nahm sie jedoch gerne zum Anlaß, um ihre Soldaten und Panzer in Bewegung zu setzen. Am 26. Juni, dem Tag nach der Unabhängigkeitserklärung, begnügte sie sich allerdings damit, ihre Präsenz zu demonstrieren – und ihre Macht.

Als erstes bei Lipica an der Grenze zwischen Slowenien und Italien, einem idyllischen Ort, bekannt wegen seines Gestüts. Seit dem 16. Jahrhundert werden dort die Lipizzanerpferde gezüchtet, früher für den Hof der Habsburger Kaiser, heute für die Spanische Reitschule in Wien. Am 26. Juni wird Lipica zum Schauplatz einer bedrohlichen Begegnung zwischen den Panzern der Jugoslawischen Armee und den Soldaten der slowenischen Bürgerwehr, der sogenannten Territorialverteidigung. Die Slowenen haben sie mit ihrer Unabhängigkeitserklärung zur Republiksarmee erklärt. Dies ist eine Begegnung, die der Auftakt für die blutigen Auseinandersetzungen der folgenden Tage werden soll.

Schon auf dem Weg nach Lipica werden wir mehrmals von der slowenischen Polizei angehalten. »Verschwinden Sie lieber, solange noch Zeit ist«, sagt uns ein slowenischer Einsatzleiter. Wir fahren trotzdem weiter, durch Lipica hindurch und an mehreren Straßenkontrollen vorbei bis zur Grenze. Wir wollen sehen und filmen, was sich dort abspielt.

Die Szene ist gespenstisch: Direkt am Grenzübergang stehen sich nun die als Feinde gegenüber, die bisher die Grenze gemeinsam kontrolliert haben. Auf der einen Seite die slowenischen Polizisten, die die Grenzen ihrer unabhängigen Republik nun alleine bewachen wollen, ohne die Jugoslawische Armee. Auf der anderen Seite die Soldaten der Jugoslawischen Volksarmee, die die Übernahme der Grenzposten durch die Slowenen verhindern sollen. Sie haben Befehl, die jugoslawische Fahne zu bewachen, die noch immer über der Grenzstation weht. Sie sollen dafür sorgen, daß die Slowenen an der Grenze nicht ihre Fahne hissen und ihre Schilder mit der Aufschrift »Republik Slowenien« aufstellen.

Einer der slowenischen Polizeikommandanten berichtet uns, wie seine Leute versucht haben, eine solche Tafel anzubringen. Die Soldaten der Jugoslawischen Armee seien dazwischengegangen und nach einem kurzen Handgemenge habe man sich entschieden, die Tafel lieber nicht zu »enthüllen«. Jetzt bewachen die Slowenen ihr eingepacktes Schild, wiederum von den Armeesoldaten mißtrauisch beobachtet, die fest entschlossen sind, jeden weiteren Versuch, es auszupacken, zu verhindern.

Das alles spielt sich nur wenige Meter von der italienischen Grenze entfernt ab. Noch ist der Übergang nach Italien offen, aber der Verkehr ist bereits ins Stocken geraten. Die italienischen Zöllner verfolgen das Geschehen auf der slowenisch/jugoslawischen Seite in höchster Alarmbereitschaft und mit wachsendem Mißtrauen. Es ist ein fast schon absurdes Schauspiel – wenn es nur nicht so gefährlich wäre.

Inzwischen bewegt sich ein Armeekonvoi auf die Grenze bei Lipica zu. Er soll dort die Armee-Einheiten verstärken. Die Slowenen haben Lastwagen auf der Straße quergestellt, um der Militärkolonne den Weg zu versperren. Dahinter staut sich der Verkehr. Einige Militärfahrzeuge gelangen trotzdem bis zur Grenze, die Panzer bleiben zwischen den Blockaden stecken.

Einem der Militärkonvois begegnen wir auf dem Rückweg nach Ljubljana. Er hat direkt hinter einer Straßenbiegung mitten im Wald angehalten. Als ich aus dem Wagen steige und mit einem der Offiziere sprechen will, macht dieser mir schon von weitem unmißverständlich klar, daß wir am besten sofort verschwinden. Die Soldaten sind ziemlich nervös, ihre Gewehre haben sie entsichert, den Finger am Abzug. Der slowenische Einsatzleiter hatte recht: Vorsicht beim Umgang mit der Jugoslawischen Armee. Auf Aufnahmen und Interviews müssen wir hier verzichten. Wir drehen lieber um. Unser Kameramann schafft es trotzdem, aus dem wegfahrenden Wagen ein paar Einstellungen zu drehen.

Zu gewaltsamen Auseinandersetzungen kommt es an diesem 26. Juni nicht – noch nicht. Statt dessen findet am Abend vor dem Parlament in Ljubljana wie geplant der Festakt mit der offiziellen Verkündung der Unabhängigkeit statt, allen Drohgebärden der Armee zum Trotz. Die Slowenen halten daran fest, obwohl sicher kaum einem zum Feiern zumute ist. Selbst von dem Lärm der Kampfflugzeuge der Jugoslawischen Armee, die pünktlich zu Beginn der Veranstaltung über die Stadt fliegen, lassen sie sich nicht stören.

Später am Abend, als im Zentrum von Ljubljana slowenische Musiker aufspielen, wird die Stimmung dann doch gelöster. Die offizielle Feier geht in ein Volksfest über. Bis in die frühen Morgenstunden freuen sich die Slowenen über ihre neue Unabhängigkeit, so wie im Dezember 1990 nach der Volksbefragung, als sich eine überwältigende Mehrheit für eine selbständige Republik ausgesprochen hatte.

Zehntausende promenieren in den malerischen Gassen der Altstadt entlang dem Ufer der Ljubljanica, einige singen und tanzen. Es scheint, als ob keiner dieses Fest verlassen und nach Hause gehen wolle – so, als ob die Menschen in dieser Nacht ahnten, was sie am nächsten Tag erwartet.

Am Morgen des 27. Juni erreichen wir als eines der ersten Fernsehteams Brnik, den Flughafen von Ljubljana. Wir müssen zahlreiche Straßensperren umfahren, die die Einwohner von Ljubljana zusammen mit der slowenischen Polizei und der Territorialverteidigung errichtet haben. Die slowenische Regierung hat dazu aufgerufen, damit die Panzer vor der Stadt nicht ins Zentrum gelangen. Fast zwei Stunden dauert es, bis wir uns mit Presseausweisen und mehreren längeren Verhandlungen an slowenischen Wachposten vorbei durch die quergestellten Lastwagen und Busse gekämpft haben. Dann sind wir endlich am Ziel.

Wie viele Panzer am Flughafen stehen, kann man uns nicht sagen. Etwa 20 seien es, höre ich, die meisten im Wald versteckt. Wir sehen nur zwei von ihnen, schwere sowjetische Kampfpanzer mit laufenden Motoren, die drohend in Stellung gehen, sobald man sich ihnen nähert. Sie kommen aus dem Armeestützpunkt Vrhnika 20 km südwestlich von Ljubljana, wie wir später erfahren. Dort ist eine Panzerbrigade stationiert, die vorwiegend aus Serben besteht. Am frühen Morgen kurz vor drei Uhr haben sich die Panzer in zwei Kolonnen in Bewegung gesetzt, zunächst direkt in Richtung Stadt. Die Soldaten der Territorialverteidigung versuchten, sie mit Blockaden aufzuhalten, woraufhin sie zum Flughafen Brnik, der nordwestlich von Ljubljana liegt, auswichen. Auf dem Weg dorthin drückten die Panzer die Blockaden beiseite, die die Slowenen errichtet hatten.

Was davon übriggeblieben ist, sehen wir auf dem Weg zum Flughafen: umgekippte Busse, zerquetschte Lastwagen und Autowracks säumen die Straße. Die Panzer haben auch weiter Befehl, alles niederzurollen, was sich ihnen in den Weg stellt. »Wir werden schießen, wenn die Armee schießt«, sagt uns ein Offizier der Territorialverteidigung, und er fügt hinzu: »Die Situation ist außer Kontrolle geraten.« Über dem Flughafen: Kampfflugzeuge der Jugoslawischen Armee. Davor die Panzer. Drinnen im Gebäude und auf dem Rollfeld: schwerbewaffnete Einheiten der slowenischen Territorialverteidigung.

Die Panzer der Jugoslawischen Armee haben sich einen Weg durch die Blockaden gebahnt

Sie können den Flughafen nicht lange halten. Am nächsten Tag wird er von der Jugoslawischen Armee bombardiert. Das Rollfeld wird beschädigt, parkende Autos zerstört, alle vier Passagierflugzeuge der slowenischen Luftlinie »Adria« getroffen. Slowenien wirtschaftlichen Schaden zufügen – auch das scheint die Armee zu wollen. Dazu sucht sie sich ganz rücksichtslos vor allem zivile Ziele aus.

Das erste Opfer des Krieges in Slowenien ist ein Offizier der Jugoslawischen Armee. Er kommt am 27. Juni bei Schießereien in der Nähe von Maribor ums Leben.

Wir fahren zum slowenischen Außenminister Rupel, dem Mann, der noch vor zwei Tagen erklärt hat, es werde zu keiner Besetzung Sloweniens durch die Jugoslawische Armee kommen. Jetzt sitzt er müde und erschöpft in seinem Kabinett. Der Schreibtisch, schon bei unserem ersten Besuch mit Papierstößen und Aktenordnern überladen, scheint dieses Mal noch chaotischer. Dimitrij Rupel ist ratlos. Der jugoslawische Ministerpräsident Ante Marković habe ein Angebot gemacht, erzählt er uns: Die Armee werde sich zurückziehen, wenn Slowenien seine Unabhängigkeitserklärung zurücknehme. Und der Oberbefehlshaber des fünften Armeebezirks, General Kolšek, hat am Morgen ein Telegramm geschickt, in dem er erklärt, die Jugoslawische Armee sei auch weiterhin fest entschlossen, sämtliche Grenzposten zu besetzen und so die Einheit und Staatsgrenzen Jugoslawiens zu schützen. Darauf wird sich die Regierung in Ljubljana jedoch niemals einlassen. »Gerade berät die Bundesregierung in Belgrad«, sagt Rupel. »Wir stehen mit ihr in Kontakt. Wir hoffen, daß Herr Marković in den nächsten Tagen zu Verhandlungen nach Ljubljana kommen wird.«

Der slowenische Verteidigungsminster Janez Janša klingt weniger optimistisch. Am Abend tritt er im gefleckten Tarnanzug der slowenischen Territorialverteidigung vor die Presse und verkündet, daß gegen Slowenien Krieg geführt wird. Mindestens 100 Menschen seien an diesem Tag in Slowenien bei Schießereien verletzt worden oder ums Leben gekommen. Die Armee meint es ernst, davon ist der Verteidigungsminister überzeugt, spätestens seit dem Nachmittag. Da nämlich haben Soldaten der Territorialverteidigung in einem erbeuteten Schützenpanzer der Armee einen Kommandoplan gefunden, ein Geheimdokument der Armee, wie sich später herausstellt. »Bedem 91« heißt er: »Bollwerk 91«.

Das Papier enthält Anweisungen an die Einheiten der Jugoslawischen Armee für folgendes Planspiel: Europa ist destabilisiert, nachdem der Warschauer Pakt aufgelöst ist und in verschiedenen Teilen der Sowjetunion die Unabhängigkeitsbestrebungen wachsen. Ehemalige Mitglieder des Warschauer Paktes wie Ungarn, Bulgarien und außerdem auch Albanien haben ihre Streitkräfte der NATO unterstellt, um ihre Gebietsansprüche Jugoslawien gegenüber durchzusetzen. Innerhalb Jugoslawiens haben ökonomische und ethnische Probleme ein kritisches Stadium erreicht. Kroatien, Slowenien und Makedonien fordern die völlige Unabhängigkeit, und sie haben bereits mit mehreren NATO-Staaten bilaterale Beziehungen aufgenommen, um so die internationale Anerkennung zu erreichen. Einige führende Politiker dieser Republiken haben die NATO bereits um eine Intervention in Jugoslawien gebeten. Aus diesem Grund plant die NATO, die kommunistischen bzw. sozialistischen Regierungen der Republiken

Serbien und Montenegro zu entmachten, um dann für ganz Jugoslawien eine neue, ihr genehme Bundesregierung einzusetzen. Jugoslawien ist also von feindlichen Streitkräften umzingelt: sowohl die NATO und die USA als auch sämtliche Nachbarländer, Rumänien ausgenommen, bereiten sich auf einen Angriff vor. Schließlich stellt der amerikanische Präsident der jugoslawischen Regierung ein Ultimatum, in dem er den Rücktritt der Regierungen von Serbien und Montenegro, freie und demokratische Wahlen in diesen Republiken einschließlich Wahlen im Kosovo, ein Ende des militärischen Drucks der Jugoslawischen Armee auf Slowenien und Kroatien und den sofortigen Einsatz von Beobachtern der NATO in Jugoslawien fordert. Als sich Jugoslawien diesem Ultimatum nicht beugt, ordnet der amerikanische Präsident am »D-Day« den Beginn der Operation »Balkanfeuer« an. Der Angriff auf Jugoslawien beginnt. Dabei werden vor allem Marine und Luftwaffe eingesetzt.

Der Plan enthält genaue Anweisungen für die »roten« (jugoslawischen) Streitkräfte, wie sie den »blauen« Angreifern zu begegnen haben. Im wesentlichen, so ist vorgesehen, sollen die militärischen Auseinandersetzungen vor allem auf slowenisches und kroatisches Territorium und auf Teile Bosniens beschränkt bleiben. Eine besonders wichtige Aufgabe der Jugoslawischen Armee besteht darin, die Hauptstädte der beiden nördlichen Republiken, Ljubljana und Zagreb, unter ihrer Kontrolle zu halten.

In Teilen liest sich dieser Plan geradezu abenteuerlich. Andererseits nimmt er fast prophetisch einiges von dem vorweg, was sich in den folgenden Wochen und Monaten ereignen sollte. Auf jeden Fall wurde durch ihn schlagartig die ganze Tragweite des Konflikts zwischen Ljubljana und Belgrad deutlich: Der geheime Kommandoplan der Armee, der sich in Windeseile in ganz Slowenien herumsprach, zeigte, daß die Militärs in Belgrad fest entschlossen waren, den Bundesstaat Jugoslawien zu erhalten. Aber nicht nur das: Ihnen ging es vor allem um die Bewahrung der alten kommunistischen Machtstrukturen, für die die demokratisch gewählten Regierungen Sloweniens und Kroatiens mit ihren Unabhängigkeitsbestrebungen eine echte Gefahr darstellten. In Slowenien begann sich jetzt die Angst breitzumachen, die Jugoslawische Armee könnte tatsächlich versuchen, ihren Einsatzplan zu verwirklichen.

Am selben Abend verschärft sich die Situation weiter: Die slowenische Territorialverteidigung schießt zwei Armeehubschrauber direkt über Ljubljana ab. Fünf Armeesoldaten kommen dabei ums Leben. Es ist klar, daß die Rache der Armee sicher nicht lange auf sich warten lassen wird. Und schon folgt die Nachricht, daß eine Kolonne von 30 Panzern aus dem Armeestützpunkt Novo Mesto, 60 km von Ljubljana entfernt, in Richtung slowenische Hauptstadt unterwegs ist. An diesem Abend ist man auf alles gefaßt.

Der nächste Tag gibt allen schlimmen Befürchtungen recht. Kampfflugzeuge der Jugoslawischen Armee bombardieren nicht nur den Flughafen Ljubljana, sondern auch andere zivile Ziele: in Šentilj/Spielfeld, am größten Grenzübergang zu Österreich, greifen die Bomber eine wartende Autokolonne an. Vier LKW-Fahrer werden dabei getötet. Das grausamste Blutbad richtet die Jugoslawische Armee jedoch auf der Hauptverbindungsstraße Ljubljana–Zagreb bei dem Dorf Trebnje an.

Auch dort haben die Slowenen Autoblockaden errichtet. Sie sollen die Panzer aus Novo Mesto aufhalten. In kilometerlangen Schlangen steht der Verkehr auf mehreren Spuren hinter quergestellten Fahrzeugen still. Auch viele Lastwagen aus dem Ausland stehen im Stau, Fernlastzüge auf dem Weg nach Bulgarien, Griechenland, in die Türkei. Die wenigsten Fahrer wissen, daß sie sich mitten im Kriegsgebiet befinden, daß dies kein normales Verkehrschaos ist, sondern daß nur einige hundert Meter weiter eine Panzerkolonne eingekeilt ist. Die Menschen sitzen ahnungslos in ihren Fahrzeugen, als die Kampfflugzeuge der Jugoslawischen Armee sich nähern, um den Panzern den Weg freizumachen. Eine Bombe geht nur wenige Meter neben dem Führerhaus eines Lastwagens nieder. Der Fahrer wird zerfetzt. Drei Türken sterben in ihren Wagen. Verletzte versuchen, sich zu retten, doch sie finden nirgends Schutz. Völlig wehrlos sind sie dem Angriff der Jugoslawischen Armee ausgesetzt.

Auf dem Weg zum Flughafen

Noch Tage später stehen die zerbombten und zerschossenen Autowracks auf der Straße, dazwischen Überreste menschlicher Körper, Haarbüschel und Eingeweide, in der Luft ein unerträglicher Gestank. Die Bauern, deren Häuser sich gleich neben der Straße befinden, können noch lange nach dem Angriff nicht fassen, was passiert ist. Immer wieder erzählen sie vom Anblick der Toten und von den Verletzten, die nicht versorgt werden konnten, weil die Krankenwagen zwischen den dichten Autoreihen nicht durchkamen. Und sie berichten von der Familie, die nur noch tot aus den Trümmern ihres zerbombten Hauses geborgen werden konnte.

Die Armee meinte es wirklich ernst. Am Abend des 29. Juni sprach Generaloberst Negovanović vom Obersten Armeestab im Belgrader Fernsehen. »Die Situation ist dramatisch«, erklärte er und forderte die Slowenen zum bedingungslosen Waffenstillstand auf. Für die Armee müßten »normale« Lebens- und Arbeitsbedingungen wiederhergestellt werden. Andernfalls werde man weiter mobilisieren und energische militärische Maßnahmen ergreifen. Mit massiven Drohungen wollte die Armee die Slowenen dazu bringen, die Barrikaden aufzulösen, ihre Waffen abzugeben, sich der Armee zu beugen und die Unabhängigkeitserklärung zu widerrufen. Bis zum nächsten Morgen um neun Uhr gab der Generaloberst der slowenischen Regierung Bedenkzeit. Doch die ließ sich von dem Ultimatum nicht beeindrucken und blieb hart. In ganz Slowenien wurden die Barrikaden verstärkt, und die Soldaten der Territorialverteidigung warteten in höchster Alarmbereitschaft.

Am folgenden Tag um neun Uhr, pünktlich zum Ablauf des Ultimatums, heulen in Ljubljana, genauso wie in mehreren anderen slowenischen Städten, die Sirenen: Fliegeralarm. Kurz darauf sind die Straßen wie leergefegt. Die Menschen bringen sich in Tiefgaragen und Luftschutzräumen in Sicherheit. Seit dem Ultimatum der Armee haben sie sich bereit gehalten, aber mit einem Luftangriff auf die slowenische Hauptstadt hat kaum jemand gerechnet.

Wir gehen in den Luftschutzkeller unseres Hotels. Die Kellnerinnen, die noch vor kurzem das Frühstück servierten, zeigen den Weg. Zwei Küchenmädchen bringen kistenweise Mineralwasser nach unten. Der Empfangschef steht wie immer an der Rezeption und achtet darauf, daß alles seine Ordnung hat. Die Bewohner der umliegenden Häuser kommen mit Kindern an der einen, Spielzeug und vollgepackte Taschen in der anderen Hand. Keiner rennt oder redet laut. Alles läuft so ab, als sei es schon eingeübt und hundertmal erlebt. Seltsam unwirklich erscheint die Situation. Sie paßt nicht an diesen Ort mitten in Europa, und sie paßt nicht in diese, in unsere Zeit.

Wir alle haben Angst. Das Schlimmste: Die Armee, die anzugreifen droht, ist unberechenbar, unkontrolliert, und sie ist grausam. Viele, die im Keller des Hotels warten, denken in diesem Moment an die Bilder des Luftangriffs auf die Autokolonnen bei Trebnje. Eine Familie hat ein Radio mitgebracht. Mehrere Kampfflugzeuge seien von Armeestützpunkten in Zagreb, Zadar und aus Bosnien losgeflogen in Richtung Ljubljana, heißt es. »Sie wollen das Parlament bombardieren, die Regierungsgebäude sind das Ziel«, sagt eine junge Frau. »Das haben sie gerade durchgegeben.« Die meisten sitzen schweigend da und bewahren nur mit Mühe die Fassung.

Es fielen keine Bomben auf Ljubljana. Nach 80 Minuten gaben die Sirenen Entwarnung. Die Flugzeuge hätten abgedreht, meldete das Radio. Die Armee erklärte später, die slowenische Regierung habe den Luftangriff nur vorgetäuscht, um die Menschen zu verunsichern. Es sei kein einziges Kampfflugzeug an diesem Morgen aufgestiegen. Eine zynische Behauptung nach allem, was geschehen war.

Der slowenische Präsident Milan Kučan ist sicher einer der wenigen Politiker, die früh die Gefahr erkannt haben, die Armee und Zentralregierung in Belgrad für die Eigenständigkeitsbestrebungen seiner Republik darstellten. Er brachte es fertig, Slowenien aus dem Machtbereich Belgrads zu lösen. Als prominenter Politiker der kommunistischen Partei in Slowenien duldete er nicht nur andere Parteien – er förderte sogar die Einführung eines pluralistischen Systems und wagte damit als erster tatsächliche Reformen in Jugoslawien. Er war es, der wesentlich zur Auflösung des Bundes der Kommunisten Jugoslawiens beitrug, als seine Delegation im Januar 1990 den 14. und letzten Parteikongreß verließ. Die Slowenen dankten es ihm, indem sie ihn im April 1990 zum Präsidenten wählten. An dem Tag, an dem er sein Amt übernahm, trat er aus der kommunistischen Partei aus.

Milan Kučan ist ein politischer Profi. Er kennt die Machtstrukturen in Belgrad und weiß, wie sie funktionieren. Nur wenige Tage nach Ausbruch des Krieges war ihm klar, daß sich nach Auflösung des Bundes der Kommunisten die Jugoslawische Armee berufen sah, den Bundesstaat zusammenzuhalten, denn sie war als einzige Kraft im Lande dazu in der Lage – mit Gewalt. Doch ein solches Jugoslawien wollten weder die Kroaten noch die Slowenen. »Razdruživanje« – die Auflösung des Bundesstaates in der bisherigen Form – war ursprünglich ihr Ziel gewesen.

Noch vor kurzem hätte er sich ein künftiges Jugoslawien als Konföderation vorstellen können, nicht als zentralistischen Bundesstaat wie bisher, sondern als losen Staatenbund souveräner Republiken, sagte Milan Kučan auf einer der vielen Pressekonferenzen jener Tage. Aber das sei jetzt vorbei. Die Idee einer jugoslawischen Staatengemeinschaft sei nun wohl endgültig tot.

Er verhandelte jedoch weiter mit den Politikern aus Belgrad, obwohl klar war, daß mittlerweile die Armee die Staatsführung lenkte und nicht umgekehrt. »Die Armee wird von niemandem mehr kontrolliert und ergreift sämtliche Maßnahmen völlig unabhängig«, meinte er. Deshalb seien auch alle politischen Vereinbarungen nur wenig wert. Trotzdem versuchte Milan Kučan, mit dem jugoslawischen Ministerpräsidenten Ante Marković und den Außenministern Hollands, Italiens und Luxemburgs, die im Namen der EG vermittelten, einen Weg aus dem Krieg hin zum Frieden zu finden. Dabei wurde er selbst von den eigenen Leuten mißtrauisch beäugt, weil sie fürchteten, er gäbe um des Friedens willen die Unabhängigkeit Sloweniens auf.

Der slowenische Präsident und seine Republik standen während der ersten Tage dieses Krieges alleine da. Die Nachbarrepublik Kroatien hielt sich vorsichtig zurück und protestierte noch nicht einmal, als Armee-Einheiten von kroatischem Territorium aus nach Slowenien vorrückten. Schon zum Festakt nach der Unabhängigkeitserklärung waren nur wenige Politiker aus dem Ausland gekommen: aus den Nachbarländern Österreich und Ungarn, die anderen aus Norwegen, Tonga und der Zentralafrikanischen Republik – mehr nicht. Die meisten blieben trotz Einladung lieber zu Hause aus Furcht, die Teilnahme könne indirekt als internationale Anerkennung verstanden werden.

Als der Krieg mit Toten und Verletzten bereits begonnen hatte, selbst da hütete sich die internationale Staatengemeinschaft, Partei für die Slowenen zu ergreifen. Der damalige UNO-Generalsekretär Javier Perez de Cuellar meinte, die Vorgänge in Slowenien seien eine innere Angelegenheit Jugoslawiens, zu der er keine Meinung äußern könne. Der Sprecher des amerikanischen Präsidenten George Bush schob Slowenien und Kroatien sogar indirekt die Schuld am Krieg zu, indem er erklärte, er sei besorgt, daß die von Slowenien und Kroatien betriebene Loslösung zu Gewalt führen werde. Die EG winkte gar mit einem Milliardenkredit für den Fall, daß Jugoslawien zusammenbliebe.

Und so stieß die Jugoslawische Armee mit ihren Angriffen auf keinen großen Widerstand. Die Slowenen richteten sich auf einen längeren Krieg ein – mit ihren eigenen Mitteln.

2. Ljubljana: Belagerte Stadt

Ljubljana hat sich eingeigelt und verschanzt. Die Straßensperren rund um die Stadt werden seit Beginn des Krieges ständig ausgebaut und verstärkt. Auf der Umgehungsstraße stehen die Fahrzeuge in langen Schlangen, und in Richtung Stadtzentrum sind an fast jeder Kreuzung weitere Blockaden aufgebaut: Tankzüge, Autobusse und Lastwagen der Stadtverwaltung, mit Sand gefüllt, damit sie von Panzern nicht weggedrückt werden können, dazwischen Gasflaschen und Minen. Sie sollen explodieren, wenn Panzer die Blockaden überrollen. Die Barrikaden sind lebende Schutzwälle, denn in vielen Wagen sitzen Fahrer, die die Sperren wenn nötig innerhalb kürzester Zeit verschieben oder verstärken können. Die Einwohner von Ljubljana helfen der Polizei, die sonst völlig überfordert wäre. Ein Busfahrer erzählt uns, wenn die Panzer der Jugoslawischen Armee anrollen sollten, habe er die Anweisung der slowenischen Polizei, sich sofort in Sicherheit zu bringen, seinen Bus aber stehenzulassen.

Wie Zwiebelringe sind die Blockaden um die Stadt gelegt, die

Straßensperre in Ljubljana

letzten stehen vor den Regierungsgebäuden in der Innenstadt. Die Verteidigung ihrer Hauptstadt rückt für die Slowenen immer mehr in den Vordergrund. Spätestens seit dem Fliegeralarm kurz nach Ausbruch des Krieges rechnen sie mit einem Angriff auf Ljubljana. Die Stadt ist in diesen Tagen wie ausgestorben, selbst die Hauptgeschäftsstraßen fast menschenleer. Auf dem Platz vor dem Parlament, wo noch vor wenigen Tagen die Unabhängigkeit der Republik verkündet worden war, herrscht unheimliche Stille. Die meisten sind dem Aufruf des slowenischen Innenministeriums gefolgt und zu Hause geblieben. Einige erledigen noch letzte Besorgungen, legen Vorräte an für die nächsten Tage. »Diese Armee nennt sich Volksarmee – aber sie ist gegen das Volk«, sagt eine ältere Frau weinend. »Wir haben sie mit unserem Geld unterstützt, und jetzt greift sie uns an, das ist doch nicht zu fassen.« Ihr Sohn hat gerade seinen Wehrdienst in der Jugoslawischen Armee abgeleistet. Jetzt wird er wieder eingezogen – dieses Mal soll er für die slowenische Territorialverteidigung kämpfen.

Mehrmals täglich fahren auf dem Bahnhof von Ljubljana Züge in Richtung Österreich und Deutschland ab. Sie sind vollgestopft mit Touristen, die nach Hause wollen, raus aus Jugoslawien. Mit der Bahn kommt man noch am sichersten über die Grenze, die meisten Übergänge für den Autoverkehr nach Italien, Österreich und Ungarn sind blockiert oder ganz geschlossen. Seit dem Angriff auf die Grenzstation Spielfeld haben viele Ausländer Angst um ihr Leben. Wir treffen in Ljubljana viele deutsche Urlauber, die mit ihren Wohnwagen im Stau hinter den Blockaden steckengeblieben sind. Jugoslawien, bis vor kurzem beliebtes Touristenziel, ist zum Kriegsgebiet geworden, die Ferien enden im Horror. »Achtmal war ich schon hier«, erzählt uns ein wütender Frankfurter, der schon seit zwei Tagen mit seinem Wohnwagen zwischen den Blockaden umherirrt und nicht aus der Stadt herauskommt. »Ich werde nie mehr wiederkommen. Was diese Armee hier veranstaltet, hat doch nichts mehr mit europäischer Zivilisation zu tun.«

Die slowenische Territorialverteidigung ist auf den Angriff der Jugoslawischen Armee schlecht vorbereitet, was Ausrüstung und

Waffen betrifft. Sie besitzt zwar Maschinengewehre und Abwehrgeschosse, aber nur wenige gepanzerte Fahrzeuge, die gegen die Panzer der Jugoslawischen Armee soundso nichts ausrichten können. Die Flak, die sie überall in Ljubljana aufgestellt hat, stammt aus Beständen der Armee und ist hoffnungslos veraltet. An der Zahl der Soldaten ist sie der Jugoslawischen Armee jedoch ebenbürtig: mehr als 20 000 Männer seien in ganz Slowenien mobilisiert, sie stünden 20 000 Armeesoldaten gegenüber, erklärt der slowenische Verteidigungsminister Janez Janša. 70 000 Reservisten könne die slowenische Territorialarmee insgesamt aufbringen.

Genauso wie die Territorialstreitkräfte der anderen Republiken des ehemaligen Jugoslawien wurde auch die slowenische Territorialarmee 1968 als Bürgerwehr neben der Jugoslawischen Armee eingerichtet. Nach dem Einmarsch der Truppen des Warschauer Paktes in die Tschechoslowakei wollte Tito sein Land für den Fall rüsten, daß die Sowjetunion und ihre Verbündeten mit Jugoslawien ähnliches vorhaben sollten. Also ließ er Bürgermilizen aufstellen, die hauptsächlich mit leichten Waffen ausgerüstet wurden. Sie unterstanden Tito direkt, später dem Vorsitzenden des Staatspräsidiums. Amtssprache war die der jeweiligen Republik. Die Einheiten der territorialen Verteidigung – ursprünglich zur Unterstützung der Jugoslawischen Armee gegen einen Feind von außen gedacht – wurden jedoch schon wenige Jahre nach Titos Tod in den Augen der Armeeführung zu einer echten Bedrohung Jugoslawiens, besonders in Slowenien und Kroatien, wo zuerst demokratische Parteien und Bewegungen entstanden, die das bestehende kommunistische System in Frage stellten.

Im März 1991 verabschiedete das slowenische Parlament ein Gesetz, demzufolge die slowenischen Wehrpflichtigen ihren Militärdienst nicht mehr in der Jugoslawischen Armee, sondern bei der slowenischen Territorialverteidigung leisten sollten. Ab Mai wurde die Bürgerwehr systematisch zu einer Republiksarmee mit eigenen Kommandostrukturen aufgebaut. Schon vorher hatte die slowenische Regierung mit entsprechenden Verfassungsänderungen die Befehlsgewalt übernommen.

Sowohl die Jugoslawische Armee als auch die Zentralregierung in Belgrad erklärten all diese Schritte für illegal und unvereinbar mit der jugoslawischen Bundesverfassung. Sie reagierten zunächst mit Druck, indem sie Kroatien und Slowenien ultimativ aufforderten, sämtliche Waffen ihrer »paramilitärischen Verbände«, wie die Territorialkräfte von nun an im Belgrader Jargon genannt wurden, abzugeben. Als Slowenien und Kroatien sich weigerten, drohte bereits damals ein Krieg in Jugoslawien auszubrechen.

Schon vor den ersten freien Wahlen in Slowenien und Kroatien im April und Mai 1990 hatte die Jugoslawische Armee versucht, die Waffen der Streitkräfte der beiden Republiken unter ihre Kontrolle zu bringen. Über Verbindungsleute wollte sie sie in Armeelager schaffen und somit die uneingeschränkte militärische Gewalt über Jugoslawien gewinnen. In Kroatien gelang der Jugoslawischen Armee dieser Coup weitgehend, dort ging fast die gesamte Ausrüstung in ihren Besitz über, etwa 200 000 leichte Waffen. In Slowenien dagegen erfuhr die Republiksführung rechtzeitig von den Plänen und konnte so das Schlimmste verhindern. Bei Kriegsbeginn war die Territorialverteidigung immerhin noch zu 80 % mit den alten Waffen ausgerüstet, wie uns ihr Kommandant Janez Slapar erklärte. 20 % des Bestands seien neu gekauft, vor allem Flak, Panzer und Kommunikationssysteme aus dem Ausland. Woher genau, will er nicht sagen. Doch auch mit diesen Waffen waren die Slowenen nicht ausreichend ausgerüstet und den Einheiten der Jugoslawischen Armee weit unterlegen.

Nicht jedoch, was Kampfmoral, Motivation und Taktik anging. Als Bürgerwehr war die slowenische Territorialverteidigung nämlich auf genau das vorbereitet, was sich in diesem Krieg abspielte. Wie 1968 in der Tschechoslowakei rückten Panzer an, um die Republik zu besetzen. Einen totalen Eroberungs- oder gar Vernichtungskrieg konnte sich die Jugoslawische Armee in Slowenien jedoch nicht leisten. Die Slowenen reagierten mit der Taktik der Bürgerwehr und der Stadtguerilla, indem sie Militärkolonnen durch Straßensperren außer Gefecht setzten, Einheiten der Armee blockierten oder Armeekasernen von der Wasser- und Stromversorgung abschnitten.

»Unsere Soldaten machen die militärische Übermacht der Jugoslawischen Armee mit ihrem Willen und ihrer Moral wett«, sagte ein Vertreter der slowenischen Regierung. »Die Armee, die Ljubljana angreift, ist eine Okkupationsarmee. Sie hat eine wesentlich schlechtere Moral.« Tatsächlich desertierten hunderte Soldaten und Offiziere der Jugoslawischen Armee, viele liefen zur Territorialverteidigung über. Wie schlecht vorbereitet die Armeesoldaten in diese Konfrontation mit den eigenen Landsleuten geschickt wurden, zeigte ein Besuch in einem Gefangenenlager nördlich von Ljubljana zwei Tage nach Ausbruch der Kämpfe.

In die leere Lagerhalle einer Fabrik haben die Slowenen etwa 50 Männer gebracht, die ersten Gefangenen dieses Krieges. Die eine Hälfte sind junge Rekruten in den grünen Uniformen der Jugoslawischen Armee, die andere Hälfte meist Serben in den blauen Uniformen des jugoslawischen Innenministeriums, die zur Verstärkung der Armee-Einheiten nach Slowenien geschickt worden waren. Sie weigern sich, auch nur ein Wort mit mir zu reden. Die jungen Wehrpflichtigen hingegen geben auch vor der Kamera bereitwillig Auskunft.

»Sie haben uns nicht gesagt, was los ist, wir wußten nicht, daß wir gegen Slowenen kämpfen müssen. Dieser Krieg ist doch unsinnig«, meint einer von ihnen. Er ist Kroate, in einer der Armeekasernen in Ljubljana stationiert. Jetzt wird er ausgerechnet von seinem slowenischen Freund bewacht, der auf seiten der Territorialverteidigung kämpft. Viele sind nur wenige Stunden zuvor von slowenischen Einheiten in der Nähe des Flughafens von Ljubljana gefangengenommen worden, wie sie erzählen. Alle haben sich sofort widerstandslos ergeben. Die meisten sind erst wenige Wochen bei der Armee. Sie scheinen eher erleichtert, daß der Krieg wenigstens für sie vorläufig zu Ende ist. »Ich bin froh, daß ich nicht mehr kämpfen muß«, sagt ein Serbe aus Belgrad.

Viele Armeesoldaten waren schon Wochen vor Ausbruch des Krieges in Slowenien völlig von der Außenwelt abgeschnitten. Sie durften die Kasernen nicht verlassen, kein Radio hören. Und einige Offiziere erzählten ihnen sogar von einer feindlichen Invasion aus Österreich und Italien, gegen die sie Jugoslawien angeblich verteidigen sollten. Kein Wunder, daß viele Soldaten an ihrem Auftrag zweifelten, als ihnen bewußt wurde, mit welchem »Gegner« sie es in Wahrheit zu tun hatten. Die Zahl der Deserteure stieg mit jedem Tag.

Am 1. Juli 1991 wurde Stipe Mesić, der Vertreter Kroatiens im jugoslawischen Staatspräsidium, zum Staatsoberhaupt gewählt. Wochenlang hatten sich die Vertreter Serbiens im Staatspräsidium und deren Verbündete geweigert, Stipe Mesić, der dieses Amt laut jugoslawischer Verfassung schon am 15. Mai hätte übernehmen sollen, als jugoslawischen Präsidenten anzuerkennen. Ausgerechnet ein Vertreter Kroatiens, der Republik, die das alte Jugoslawien auflösen wollte, an der Spitze des Staates – das wollte das serbische Lager nicht akzeptieren. Die Wahl kam nur unter dem Druck der EG-Staaten zustande, die sich so die Wiederherstellung der verfassungsmäßigen Ordnung des Bundesstaates Jugoslawien und das Ende von Krieg und Anarchie im Lande erhofften. Zuvor schon waren, ebenfalls unter EG-Vermittlung, Waffenstillstandsverhandlungen geführt worden, die eine erste Vereinbarung zur sofortigen Einstellung aller Kämpfe bereits am Abend des 28. Juni vorsahen. Doch genutzt hatten sämtliche Abmachungen bis dahin wenig. Und auch die Wahl von Stipe Mesić zum Präsidenten Jugoslawiens konnte tatsächlich nur wenig zum Frieden in Slowenien beitragen. Der Verfassung nach war er zwar der Oberbefehlshaber der Jugoslawischen Armee, die Armee scherte sich jedoch nicht um seinen Befehl, sofort sämtliche Kampfhandlungen einzustellen.

Noch am Tag der Wahl von Stipe Mesić heulten in mehreren Städten Sloweniens erneut die Sirenen. Luftalarm auch in Krško, dem einzigen Atomkraftwerk des Landes. Es wurde abgeschaltet, nachdem drei Kampfflugzeuge der Armee über den Reaktor geflogen waren. Selbst vor dem Angriff auf ein Kernkraftwerk schienen ihre Befehlshaber nicht zurückzuschrecken. Die Bedrohung durch die Jugoslawische Armee blieb unvermindert. Die Slowenen glaubten den Beteuerungen ihrer Sprecher, man wolle zum Frieden beitragen, kein Wort.

Am 7. Juli 1991 brachte die Europäische Gemeinschaft dann

doch einen Kompromiß zwischen Slowenien und Kroatien auf der einen und der Jugoslawischen Armee auf der anderen Seite zustande. Slowenien und Kroatien erklärten sich bereit, alle weiteren Schritte zur Verwirklichung ihrer Unabhängigkeitserklärungen für drei Monate auszusetzen. Die Slowenen sollten sämtliche Straßensperren und Blockaden von Armeekasernen beseitigen. Im Gegenzug erhielt die slowenische Polizei von diesem Moment an die Kontrolle über die Grenzübergänge. Die Jugoslawische Armee verpflichtete sich ihrerseits, ihre Einheiten in die Kasernen zurückzuziehen, wo sie dann auch blieben. Das Abkommen von Brioni trat am 8. Juli 1991 in Kraft. Den Slowenen brachte es ein Ende des Krieges. Den Kroaten half es wenig.

In Slowenien hatte die Jugoslawische Armee eingelenkt. Der Republik blieb der lange Krieg erspart, den alle so gefürchtet hatten. Mehr noch: am 18. Juli kurz vor Mitternacht fiel im jugoslawischen Staatspräsidium in Belgrad eine historische Entscheidung. Die Jugoslawische Armee werde unverzüglich mit dem Abzug aus Slowenien beginnen, innerhalb von drei Monaten werde er abgeschlossen sein, verkündete Borislav Jović, der Vertreter Serbiens in diesem Gremium, nach einer mehrstündigen Sitzung.

Scheinbar völlig überraschend überließ die Jugoslawische Armee den Slowenen freiwillig das, worum tagelang so hart gekämpft worden war, wofür 65 Menschen gestorben und Hunderte verletzt worden waren: einen eigenen Staat ohne fremde Armee. Der Beschluß kam völlig überraschend und löste in Slowenien unbeschreibliche Freude und Erleichterung aus. Der damalige jugoslawische Verteidigungsminister Veljko Kadijević selbst soll den Abzug der Armee aus Slowenien vorgeschlagen haben. Als Grund nannte er die »feindselige Haltung Sloweniens« gegenüber der Jugoslawischen Armee. Dieser Schritt erweckte jedoch nur auf den ersten Blick den Eindruck, die Armee hätte nachgegeben.

Genauer hingeschaut blieb der Armee in Slowenien nichts anderes übrig, als den Rückzug anzutreten. Gewaltsam konnte sie Slowenien auf Dauer nicht im Bundesstaat halten. Mit dem Abzug ihrer Kräfte aus Slowenien hatte sie zudem die Möglichkeit, sich uneingeschränkt auf Kroatien zu konzentrieren, wo schon seit Monaten bürgerkriegsähnliche Zustände herrschten. Zudem lieferte ihr dort die serbische Minderheit, deren politische Vertreter sich wiederholt gegen eine Unabhängigkeit Kroatiens und für den Verbleib der Republik im Bundesstaat Jugoslawien ausgesprochen hatten, die nötige Rechtfertigung eines Militäreinsatzes. Indem die Jugoslawische Armee Slowenien losließ, um sich auf Kroatien zu stürzen, zerbrach sie außerdem die gemeinsame politische Front, die die beiden Republiken bis dahin so erfolgreich verteidigt hatten. Denn genauso wie sich Kroatien während des Krieges in Slowenien der Armee und der Belgrader Bundesregierung gegenüber vorsichtig zurückgehalten hatte, schauten danach die Slowenen tatenlos zu, wie sich der Krieg in Kroatien ausbreitete, froh, den mächtigen Gegner vom Hals zu haben.

Der Kroate Stipe Mesić muß schon damals geahnt haben, was seine Republik erwartete. Er stimmte als einziger im Staatspräsidium gegen den Rückzug der Armee aus Slowenien, der Vertreter der Republik Bosnien-Herzegowina enthielt sich. Mit einer Rede vor der Militärakademie Belgrad zum Ende des Krieges in Slowenien gab der damalige Oberbefehlshaber der Jugoslawischen Armee General Blagoje Adžić sämtlichen Befürchtungen recht. »In Slowenien haben wir die Schlacht in der Tat verloren«, sagte er, »nicht aber den Krieg.«

3. Jetzt kommt Kroatien an die Reihe

Zu welchem Zeitpunkt der Krieg in Kroatien genau begonnen hat, kann niemand sagen. Die Übergänge zwischen Unruhen und ethnischen Konflikten bis hin zum Bürgerkrieg und dann zu dem Eroberungskrieg, der von den serbischen Verbänden und der Jugoslawischen Armee in Kroatien schließlich geführt wurde, sind fließend. In Kroatien wurde weder jemals offen der Krieg erklärt, noch wurden vom stärksten Angreifer, der Jugoslawischen Armee, Kriegsziele direkt formuliert. Nach wie vor leugnete die Armee offiziell ihr militärisches und politisches Interesse, weite Teile Kroatiens unter ihre Kontrolle zu bringen.

Für die Kroaten hat der Krieg in ihrer Republik lange vor der Unabhängigkeitserklärung, nämlich am 17. August 1990, begonnen. An diesem Tag besetzten hunderte Serben aus Protest gegen die Politik der neuen kroatischen Regierung von Präsident Franjo Tudjman die Polizeistation der zu knapp 89 % serbisch bewohnten Gemeinde Knin im dalmatinischen Hinterland. Zuvor hatte das kroatische Parlament eine Verfassungsänderung beschlossen, derzufolge ausschließlich das lateinisch geschriebene Kroatisch zur Amtssprache der Republik erklärt wurde. Nur in Gemeinden mit serbischer Mehrheit wurde als zweite offizielle Sprache das kyrillisch geschriebene Serbisch zugelassen. Dieser Streit hatte die Serben von Knin endgültig auf die Barrikaden gebracht. Hubschrauber der Sonderpolizei des kroatischen Innenministeriums, die den kroatischen Polizisten in Knin zu Hilfe kommen wollten, wurden von Kampfflugzeugen der Jugoslawischen Armee zur Landung gezwungen.

Zwei Tage später organisieren die in und um Knin lebenden Serben trotz des Verbotes der kroatischen Regierung eine Volksbefragung über eine begrenzte Autonomie der Region. Die überwältigende Mehrheit der Serben spricht sich dabei für die Unabhängigkeit aus. Das Referendum führt schließlich zur Ausrufung des »Serbischen Autonomen Gebietes Krajina«.

Im Sommer 1990 beginnt in der Krajina, vom Rest Europas wenig beachtet, die sogenannte »balvan revolucija«, die »Balken-

Revolution«: Mit Balken und Baumstämmen blockieren die Serben den Straßen- und Bahnverkehr. Sie plündern Waffenlager der kroatischen Polizei und entziehen die Region der Kontrolle der Regierung in Zagreb. Die Krajina wird zum Synonym für den serbischen Widerstand gegen die Unabhängigkeitsbestrebungen der kroatischen Regierung. Von hier aus weiten sich die Unruhen über große Teile Kroatiens aus, geschürt von der Stimmungsmache der serbischen Regierung in Belgrad, die der Regierung in Zagreb vorwirft, sie wolle die Serben in Kroatien wie im Zweiten Weltkrieg unterdrücken, vertreiben und ausrotten.

In jenem Sommer konnten die Touristen aus aller Welt noch ungestört das jugoslawische Urlaubsparadies mit seinen Badeorten in Istrien und an der Dalmatinischen Küste genießen. Im folgenden Jahr ändert sich die Situation jedoch dramatisch. Im März 1991 liefern sich im Dorf Pakrac, nach der letzten jugoslawischen Volkszählung zu 46 Prozent serbisch bewohnt, Serben und Kroaten vor dem Rathaus wilde Schießereien. Am Ostersonntag, zu Beginn der Hauptsaison, folgen blutige Zusammenstöße zwischen kroatischer Polizei und serbischen Krajina-Extremisten ausgerechnet im Naturpark Plitvicer Seen. Bei Schießereien zwischen der kroatischen Polizei und radikalen Serben kommen zwei Menschen ums Leben, 20 werden zum Teil schwer verletzt. Eine Gruppe von 150 italienischen Touristen kann gerade noch in Sicherheit gebracht werden. Ein Hubschrauber der kroatischen Regierung, der die Lage erkunden soll, wird vom Boden aus – wahrscheinlich von serbischen Verbänden – ebenfalls unter Beschuß genommen und muß notlanden. Zwei Monate später massakrieren serbische Einwohner der Ortes Borovo Selo in der Nähe der Stadt Vukovar zwölf kroatische Polizisten auf grausamste Weise. Die Polizisten waren auf der Suche nach zwei Kollegen, die in Borovo Selo vermißt worden waren. Vorausgegangen waren auch hier stundenlange Schießereien zwischen serbischen Einwohnern des Ortes und kroatischen Polizisten.

Die kroatische Polizei, schlecht ausgerüstet und oftmals selbst Ziel von Angriffen serbischer Extremisten, ist bald nicht mehr in der Lage, in den Krisenherden Ordnung zu schaffen. Auch die

Die Panzer der Jugoslawischen Armee – eine ständige Bedrohung

kroatischen Territorialkräfte, seit April in »Nationalgarde« umbenannt, können die Konflikte nicht lösen. So rücken schließlich die Panzer der Jugoslawischen Armee ein, um sogenannte »Pufferzonen« zwischen Serben und Kroaten zu schaffen. Am 5. Mai 1991 wird die Armee vom jugoslawischen Staatspräsidium, damals noch unter dem Vorsitz des Serben Borislav Jović, ermächtigt, in die Nationalitätenkonflikte nach eigenem Ermessen einzugreifen. Endlich hat die Armee freie Hand in Kroatien.

Unter dem Vorwand, zwischen Serben und Kroaten zu vermitteln, besetzen die Panzer der Jugoslawischen Armee immer größere Teile Kroatiens. Bald schon drängt sich die Vermutung auf, daß durch die sich mehrenden gewalttätigen Zwischenfälle ein massiver Militäreinsatz, vielleicht sogar die Ausrufung des Aus-

nahmezustandes provoziert werden soll und damit die Unabhängigkeit der Republik Kroatien verhindert werden soll.
Trotz aller Drohungen von seiten der Bundesregierung in Belgrad und der Jugoslawischen Armee fand am 19. Mai 1991 ein Referendum über die Unabhängigkeit Kroatiens statt. Die Wähler sollten darüber entscheiden, ob Jugoslawien als Bundesstaat weiter bestehen oder ob es zu einem losen Staatenbund souveräner Republiken werden soll. Erwartungsgemäß sprach sich eine überwältigende Mehrheit, nämlich 94 %, für die zweite Möglichkeit und damit für die Souveränität der Republik aus. In jenen Tagen rechnete man in Kroatien jederzeit mit einem offenen Militärputsch, so wie er wenige Wochen später ja auch tatsächlich in der Sowjetunion stattfand. Die Regierung von Präsident Tudjman, seit einem Jahr im Amt, hatte sich schon damals mit den ihr zur Verfügung stehenden Mitteln auf einen bewaffneten Konflikt mit Belgrad vorbereitet und ihre Miliz von 16 000 auf 47 000 Mann verstärkt. Als der Putsch ausblieb, machte sich in Zagreb Optimismus breit. »Ich sehe keine Möglichkeit, daß diejenigen, die gegen einen Bund unabhängiger Republiken sind, die Armee gegen Kroatien und andere gleichgesinnte Republiken einsetzen«, sagte damals der kroatische Präsident Franjo Tudjman. »Auch wenn es jemand versuchen würde, hätte das kaum Aussichten und würde Jugoslawien nur schaden.« Er hoffte weiter auf eine politische Lösung der Krise des Landes.

Am 25. Juni 1991 erklärte Kroatien gleichzeitig mit Slowenien die Unabhängigkeit der Republik. Die Kroaten fürchteten, das gleichgesinnte Slowenien würde sich im Alleingang von Jugoslawien lösen und sie zurücklassen, der Übermacht der restlichen Republiken ausgeliefert, die einer Umstrukturierung des Bundesstaates strikt ablehnend oder zumindest skeptisch gegenüberstanden. Die Slowenen hatten jedoch bessere Ausgangsbedingungen als die Kroaten bei der Verwirklichung der staatlichen Unabhängigkeit. Sie mußten keine Schwierigkeiten mit rebellierenden Minderheiten durchstehen, und sie waren auch weit weniger mit der drohenden Präsenz der Jugoslawischen Armee konfrontiert. Um so größer die Überraschung – und bei den Kroaten wahr-

Die Jugoslawische Armee vor Zagreb

Turanj – ein zerstörtes kroatisches Dorf

scheinlich auch die Erleichterung –, als die Armee nach den Unabhängigkeitserklärungen der beiden Republiken ihre Panzer in Slowenien und nicht in Kroatien in Bewegung setzte. Doch der Krieg in Slowenien ließ den Kroaten nur eine kurze Verschnaufpause.

Als die Jugoslawische Armee ihren Rückzug aus Slowenien ankündigte, hatten in Kroatien die blutigen Gemetzel zwischen Serben und Kroaten bereits 315 Tote und mehr als 500 Verletzte gefordert, ein Vielfaches der Opfer des Krieges in Slowenien. Doch das sollte nur der Anfang sein. Am 23. Juli lehnte das jugoslawische Staatspräsidium während einer Krisensitzung den Abzug der Jugoslawischen Armee aus Kroatien ab. Präsident Tudjman rief die Bevölkerung Kroatiens im Fernsehen auf, sich auf einen Krieg vorzubereiten.

4. Eine Reise in die Krajina

Im Mai 1990 war der Zahnarzt Milan Babić einfacher Bürgermeister von Knin, einer Gemeinde in der Krajina 80 km nördlich von Split. Schon damals wurden dort die ersten Straßensperren errichtet. Ein Jahr später ist Milan Babić Präsident des »Serbischen Autonomen Gebietes Krajina« mit der Hauptstadt Knin, einem Staatsgebilde, das von niemandem anerkannt wird, noch nicht einmal von der Republik Serbien, an die Milan Babić nach eigenem Bekunden den Anschluß sucht. Wir haben uns bei Herrn Babić persönlich angemeldet, als wir im Mai 1991 nach Knin in den Süden Kroatiens fahren, ins Zentrum des serbischen Widerstandes gegen die kroatische Regierung. Nach den gewaltsamen Zusammenstößen zwischen Serben und Kroaten der letzten Wochen möchten wir zeigen, wie sich die Situation in der Krajina verändert hat.

In Knin herrschen eigene Regeln. Regel Nummer eins: Nicht auf eigene Faust und ohne Voranmeldung in die Stadt fahren. Denn die Serben dort mögen keine Fremden, schon gar keine Journalisten, da die ihrer Meinung nach ja doch nur Lügen verbreiten. Bevor die Serben mit ihren bewaffneten Straßenblockaden noch nicht in die Schlagzeilen geraten waren, haben sich ohnehin nur wenige dorthin verirrt, in dieses karge Karstgebiet an der Grenze zur Republik Bosnien-Herzegowina. Die reiche dalmatinische Küste mit den malerischen kroatischen Badeorten ist nur 60 km entfernt. Aber zwischen der kroatischen Adria und der serbischen Stadt Knin liegen Welten.

Die Serben von Knin sind von ihrer ganz besonderen Geschichte geprägt. Ihre Vorfahren, meist Flüchtlinge aus den türkisch besetzten Gebieten weiter südlich, wurden 400 Jahre zuvor von den Habsburger Kaisern in diesem unwirtlichen Landstrich angesiedelt. Sie sollten mit einer Kette von Wehrdörfern die Militärgrenze zum Osmanischen Reich sichern, die »vojna krajina«, immer bereit, Angriffen der Türken standzuhalten. Dafür bekamen sie vom Kaiser in Wien Land und Privilegien, unter anderem auch das Recht auf Selbstverwaltung.

Während des Zweiten Weltkriegs wütete hier schon einmal ein grausamer Bürgerkrieg zwischen Serben, Kroaten und Moslems. Bald nach Ausrufung des von Hitler geschaffenen faschistischen Ustascha-Staates mit dem Namen »Nezavisna Država Hrvatska« – »Unabhängiger Staat Kroatien« begann in Kroatien im Sommer und Herbst 1941 ein Vernichtungsfeldzug gegen Serben, Juden und Zigeuner. Vor allem in den mehrheitlich serbisch besiedelten Gebieten, also auch in der Krajina, metzelten die Trupps der Ustascha ganze Dörfer nieder, ohne Rücksicht auf Alte, Frauen und Kinder. Die Männer flüchteten oft in die Berge, schlossen sich den königstreuen »četnici« oder den Tito-Partisanen an, um dann später wiederum grausame Rache an der kroatischen Bevölkerung zu nehmen.

Die Ereignisse dieser Zeit sind in der Krajina weder vergessen noch verziehen. Dies ist sicher einer der Hauptgründe für den erbitterten serbischen Widerstand gegen einen neuen unabhängigen Staat Kroatien. Zudem schürte die politische Führung in Belgrad mit gezielter Propaganda die Ängste vieler Serben, in einer selbständigen Republik mit einer kroatischen Regierung könnte sich Geschichte wiederholen und damit der Völkermord an den Serben wie zur Zeit des Zweiten Weltkrieges. Die Regierung von Präsident Tudjman, politisch unerfahren und ungeschickt, nahm die Ängste der serbischen Bevölkerung nicht ernst. Statt dessen baute sie ihrerseits ebenfalls Feindbilder auf und trug so ihren Teil zu dem Konflikt bei, der in der Krajina begann und sich schließlich zum Krieg in weiten Teilen Kroatiens ausweitete.

Wir fahren also nach Knin hinein, in eine eher farblose Kleinstadt mit etwa 30 000 Einwohnern. Schon am Stadteingang werden wir von der »Krajina-Polizei« kontrolliert, einer Truppe, die Milan Babić und sein »Innenminister« Milan Martić zum Schutz der »Autonomen Region« gegen die Kroaten aufgestellt haben und die die aus der Stadt vertriebene kroatische Polizei ersetzen soll. Die Abzeichen an den Uniformen und Mützen scheinen jedenfalls hochoffiziell; auf den ersten Blick sieht man dieser sogenannten Polizei gar nicht an, daß sie eine illegale Truppe von Möchtegern-Sheriffs ist. An uns wird drohend die Frage gerichtet, was wir hier denn eigentlich zu suchen hätten – nicht jeder darf anscheinend in die Stadt fahren. »Ein Interview mit Herrn Babić«, sage ich, und das wirkt wie ein Zauberwort. Man erklärt uns bereitwillig den Weg zum Rathaus – dort werde man uns weiterhelfen.

Milan Babić verspätet sich, hören wir, als wir uns bei seiner Sekretärin anmelden. Es ist bekannt, daß er Termine nur unzuverlässig einhält. Also drehen wir in der Zwischenzeit schon einmal eine Runde in der Stadt. Unseren Bus mit der großen Aufschrift »TV« beäugen die Menschen links und rechts der Hauptstraße mit Argwohn. Viele von ihnen erkennen das deutsche Kennzeichen und begreifen sofort, woher wir kommen.

Unsere Ankunft in Knin fällt auf einen ungewöhnlichen Tag. In der Nacht zuvor haben serbische Einwohner sämtliche kroatischen Geschäfte und Restaurants geplündert. Im Café »Premier«, dessen Inhaber ein Kroate ist und das bis dahin Serben und Kroaten gleichermaßen als gemischtnationaler Treffpunkt gedient hat, ist schon einen Tag zuvor eine Bombe hochgegangen. Als wir ins Zentrum kommen, macht sich eine Gruppe von Serben gerade über ein zerstörtes – anscheinend kroatisches – Schuhgeschäft her. Durch die zerschlagenen Fensterscheiben steigen die Plünderer in die Auslagen und räumen ab, was ihnen in die Finger kommt. Der Kameramann steigt aus, um die Szene zu filmen, ich gehe hinterher. Der Kameraassistent bleibt vorsichtshalber im Wagen, nur wenige Meter entfernt und abfahrbereit mit laufendem Motor und geöffneter Schiebetür. Die Kamera läuft noch keine halbe Minute, da hat uns die Menge auch schon umringt. Eine wütende Horde, die sich nicht gerne beobachten läßt. Sie wollen uns am Drehen hindern. Einer von ihnen versucht, die Kamera zu packen und sie auf den Boden zu werfen. Als wir uns wehren, geht er mit erhobenen Fäusten auf uns los. Hinter ihm die anderen. Noch beschränken sie sich aufs Zuschauen, aber jeden Augenblick werden auch sie auf uns losstürzen. Hier ist Reden oder Diskutieren sinnlos. »Weg hier«, sagt der Kameramann, und wir laufen los, die Meute hinterher. Gerade noch rechtzeitig erreichen wir den Bus. Der Kollege gibt sofort Gas.

Der Schreck sitzt uns noch in den Knochen, als wir im Rathaus erneut nach Milan Babić fragen. Der aber läßt sich von seiner Sekretärin verleugnen, während einer seiner Mitarbeiter uns noch den guten Rat gibt: »Macht, daß Ihr hier wegkommt. Hier ist Krieg. Hier will niemand mit Euch zu tun haben. Jetzt wissen sie, daß Ihr in der Stadt seid, und Euch mögen sie nicht. Ihr seid doch auch katholisch, genauso wie die da« (gemeint waren die Kroaten). Uns bleibt nichts anderes übrig als die Stadt zu verlassen. Als wir endlich draußen sind, atme ich erleichtert auf.

Es sollte nicht das einzige Mal bleiben, daß wir bei der Berichterstattung in Kroatien und Jugoslawien behindert und vom Drehen abgehalten wurden. Die Arbeitsbedingungen für uns als Fernsehteam wurden im Laufe des Krieges in Kroatien immer härter. Auf serbischer Seite wuchsen Mißtrauen und Aggression besonders gegenüber deutschen Kamerateams und Journalisten, geschürt vor allem von radikalen serbischen Politikern.

Doch nicht die gesamte serbische Bevölkerung in Kroatien denkt so wie die militanten Serben der Krajina. Milan Džukić, Vorsitzender der Serbischen Volkspartei in Kroatien, ist einer der wenigen Serben, die in der kroatischen Regierung einen Posten innehaben und im kroatischen Parlament mitarbeiten. Er hält die Politiker der Krajina schlichtweg für geisteskrank. »Sie vertreten nicht das serbische Volk in Kroatien«, sagt er mir. »Wenn unser Volk abstimmen würde, würden sie kaum ein Viertel der Stimmen erhalten. Aber sie haben eben keine Wahlen abgehalten.« Die Politiker, die das serbische Volk in Kroatien vertreten, seien gespalten. Die einen seien ausgesprochen für Aggression und Krieg in Kroatien und für die Abspaltung der serbischen Gebiete. Die anderen, zu denen Milan Džukić auch sich selbst zählt, setzten sich – so wie die Kroaten – für die territoriale Integrität und die Unabhängigkeit Kroatiens ein. »Natürlich wollen wir Serben gleiche Rechte garantiert haben«, meint er, »und wenn Kroatien wirklich demokratisch und zivilisiert sein will, dann gibt es für einen normalen Serben keinen Grund zur Sorge.« Milan Džukić glaubt, daß die Mehrheit der Serben in Kroatien so denkt wie er, selbst ein großer Teil der Serben in der Krajina. Sie würden jedoch von den radikalen Serben unter Druck gesetzt. Auch ihn haben militante Serben bedroht, wie er erzählt, sein Haus gesprengt, seine Familie vertrieben. Trotzdem bleibt dieser serbische Politiker dabei: Die Serben sollten auch weiter mit den Kroaten zusammenleben, und zwar in einer unabhängigen Republik Kroatien – friedlich und ohne Krieg.

Nach dem gescheiterten Versuch, mit den Serben von Knin zu sprechen, beschließen wir, eine Ortschaft in der Krajina zu besuchen, in der mehrheitlich Kroaten leben. Also fahren wir nach Drniš, 25 km südlich von Knin. Wir werden zwar etwas freundlicher aufgenommen – aber auch hier sind die Menschen eher skeptisch und wenig auskunftsfreundlich. Sie rechnen jeden Tag damit, daß die gewaltsamen Auseinandersetzungen zwischen Serben und Kroaten auf ihr Dorf übergreifen.

Die Kroaten in den Ortschaften um Knin verließen sich schon damals nicht mehr auf die Bundesregierung in Belgrad und nur teilweise auf die eigenen Polizeieinheiten. Sie bewaffneten sich selbst – genauso wie die Serben. In jenen Tagen kontrollierten die Dörfer und Städte mit kroatischer Mehrheit neben den Polizei- und Spezialeinheiten des Zagreber Innenministeriums hauptsächlich schwerbewaffnete Kroaten in Zivil. In Drniš hielt fast jeder ein Gewehr oder eine Pistole bereit. Die kroatischen Einwohner versuchten, selbst Ordnung zu schaffen. Vor allem ein Anrücken der Jugoslawischen Armee, wie in einigen Nachbarorten bereits geschehen, wollten sie verhindern. »Ich weiß nicht, was die Armee bei uns in Kroatien eigentlich will«, meinte der kroatische Polizeikommandant von Drniš. »Bis jetzt gab es kein Militär hier – und wir sind auch so gut zurechtgekommen.«

»Auf Kroatien wird im Augenblick von einem Teil der Armeeführung ein unheimlicher Druck ausgeübt«, erzählte uns der kroatische Bürgermeister von Drniš. »Diese Leute wollen, daß in Kroatien der Ausnahmezustand verhängt wird. So wollen sie die Unabhängigkeit, die Kroatien anstrebt, verhindern. Deshalb werden die Panzer nach Kroatien geschickt. Wir Kroaten sind sehr beunruhigt – aber wir sind entschlossen, die Demokratie, die wir hier seit einem Jahr haben, mit allen Mitteln zu verteidigen.«

Serbische Blockade

Damals, im Mai 1991, kontrollierten die kroatischen Behörden noch Teile der Krajina. Die Regierung in Zagreb überschätzte ihre Kräfte jedoch gewaltig. In jenen Tagen sprach der kroatische Präsident Franjo Tudjman vom Beginn eines offenen Krieges gegen die Republik Kroatien. Großserbische Nationalisten würden versuchen, durch terroristische Aktionen in Kroatien einen Bürgerkrieg auszulösen, sagte er. Und dann drohte er mit starken Worten: Kroatien werde sich zur Wehr setzen und die Souveränität der Republik auch mit Waffengewalt verteidigen, falls eine Lösung der Probleme auf politischem Wege nicht möglich sein sollte. Die Chancen für eine politische Lösung schwanden jedoch immer mehr. Denn alle Seiten waren zu diesem Zeitpunkt bereits auf Krieg eingestellt.

Franjo Tudjman hatte nicht mit der Hartnäckigkeit der serbischen Extremisten in Krajina gerechnet. Und er hatte die Rolle der Jugoslawischen Armee falsch eingeschätzt, die die serbischen Verbände immer unverhohlener mit Waffen versorgte und schließlich auch mit ihren Einheiten unterstützte. Heute ist Drniš fest in serbischer Hand, die kroatischen Bewohner geflüchtet. Das sogenannte Autonome Gebiet Krajina bestand damals, im Frühsommer 1991, lediglich aus elf Gemeinden rund um die Stadt Knin. Ein gutes Jahr später, nachdem sich immer mehr mehrheitlich von Serben bewohnte und von serbischen Verbänden eroberte Dörfer und Städte der Krajina angeschlossen hatten, erstreckte sich die serbisch kontrollierte Krajina fast über das gesamte Gebiet der ehemaligen Habsburger Militärgrenze und machte fast 20 Prozent des kroatischen Territoriums aus. Im Dezember 1991 erklärte das »Parlament« von Knin die Krajina zu einer neuen, unabhängigen Republik Jugoslawiens und verstieß damit gegen sämtliche Gesetze. Die Republik wurde von niemandem anerkannt. Immerhin brachte es Milan Babić mit seinen Drohungen, weiter Krieg zu führen, jedoch fertig, daß hochrangige Vertreter der Vereinten Nationen in die Krajina reisten, um mit ihm über die Stationierung von UNO-Friedenstruppen zu verhandeln. Daß der einstige Bürgermeister von Knin mit seinen serbischen Truppen einmal eine solche Macht haben sollte, hatte der kroatische Präsident Tudjman nicht erwartet.

Die Kroaten gaben ihre Ortschaften in der Krajina nicht widerstandslos auf, wie wir während unserer Fahrt durch die Krajina sehen sollten. Im Dorf Kijevo 20 km südöstlich von Knin verschanzte sich nach gewalttätigen Auseinandersetzungen zwischen Serben und Kroaten tagelang die kroatische Bevölkerung mit Blockaden. Im Gegenzug bauten die Serben aus den umliegenden Dörfern vor Kijevo ihre Straßensperren auf. Sie ließen noch nicht einmal Lebensmitteltransporte passieren, wollten die Kroaten aushungern und zum Aufgeben zwingen. Einen Hubschrauber der kroatischen Regierung mit dem Parlamentspräsidenten aus Zagreb an Bord, der mit den Kroaten hinter den Barrikaden sprechen und vermitteln wollte, beschossen sie. Zwischen Serben und Kroaten stand die Armee mit ihren Panzern. Schiedsrichter und Friedensstifter sollte sie laut einem Beschluß des jugoslawischen Staatspräsidiums sein – aber die Kroaten trauten ihr schon damals nicht über den Weg.

In Kijevo wurde schon bald bekannt, daß eine Kolonne mit

weiteren Panzereinheiten aus Bosnien auf dem Weg in die Krajina war, um die Armeestellungen dort zu verstärken. In der Nähe der kroatischen Ortschaft Lištica waren die Panzer jedoch noch in der Republik Bosnien-Herzegowina steckengeblieben. Dort hatte ihnen die Bevölkerung Barrikaden in den Weg gestellt: eine Machtprobe zwischen Kroaten und der Jugoslawischen Armee.

Der Weg nach Lištica führt zunächst an der Adriaküste entlang und dann durch die grandiose, einsame Landschaft, des dalmatinischen Hinterlandes in Richtung West-Herzegowina. Hier kämpften während des Zweiten Weltkrieges Titos Partisanen, hier fanden einige der schwersten Schlachten gegen die deutschen und italienischen Besatzer statt – und auch ein blutiger Bürgerkrieg zwischen Serben, Kroaten und Moslems. Kaum ein Fahrzeug begegnet uns, kaum ein Dorf liegt an der Strecke, Felsbrocken und Steine säumen den Weg.

Wenige Kilometer vor Lištica taucht ein Armeehubschrauber auf. Er kreist über uns, immer tiefer. Hinter einer Straßenbiegung ist der Weg plötzlich versperrt. Felsstücke sind quer über die Straße zu einer Blockade aufgeschichtet. Dahinter etwa 20 Armeesoldaten, die sofort in Deckung gehen, als sie unseren Wagen sehen. Sie richten ihre Gewehre auf uns. Der Hubschrauber bezieht direkt über uns drohend Position. Dieses Mal will uns die Jugoslawische Armee am Weiterfahren hindern. Ganz in der Nähe steht eine eingekeilte Panzerkolonne; dorthin soll möglichst niemand gelangen, Fernsehteams schon gar nicht. Wir fahren vorsichtig im Rückwärtsgang hinter die nächste Wegbiegung, wo wir zumindest vor den Gewehren der Soldaten sicher sind. Eine falsche Bewegung, Aussteigen gar, wäre hier lebensgefährlich. Schließlich kehren wir ein gutes Stück zum zuletzt passierten Dorf zurück und bitten die kroatische Polizei um Vermittlung.

Vor dem nächsten Versuch kleben wir auch auf das Dach unseres Wagens ein großes »TV«-Zeichen. Es ist nur zu hoffen, daß es uns vor dem Armeehubschrauber schützt. Als wir in Begleitung der Kroaten zur Armeeblockade zurückkehren, lassen die Soldaten zumindest die Gewehrläufe sinken und kommen aus ihren Stellungen. Es sind meist junge Wehrpflichtige, ziemlich unsicher,

Ein serbischer Kämpfer

was sie mit uns anfangen sollen. Bald taucht jedoch der kommandierende Offizier auf, der uns kurz angebunden erklärt, das Gebiet sei gesperrt, Durchfahrt verboten. Nach fast einer Stunde Verhandlung läßt er uns dann aber doch durch. Er hat eingesehen, daß Geheimnistuerei nur ein schlechtes Licht auf die Jugoslawische Armee werfen würde.

Als wir in Lištica ankommen, ist der Panzerkonvoi schon seit drei Tagen dort postiert. Kurz vor dem Ortseingang haben die kroatischen Dorfbewohner alle Fahrzeuge auf die Straße gestellt, die sie auftreiben konnten, um die Panzer festzusetzen. Mehrere Kilometer ist die Autoschlange lang. Wir brauchen einige Zeit, bis wir uns an den Anfang vorgekämpft haben. Dort ist fast die gesamte Dorfbevölkerung versammelt. Ihnen gegenüber, nur wenige Meter entfernt, der Konvoi mit 103 Panzern, die auf den Marschbefehl warten. Die Soldaten sind nervös, der kommandierende Offizier auch. Er schreit den Kameramann an, der die Szene filmt. Wir sollen ja nicht zu nahe kommen, droht er. Gerade wird in Belgrad verhandelt, was mit den Panzern geschehen soll. Nachgeben, den Konvoi wieder zurück in die Kaserne beordern: einen solchen Gesichtsverlust kann sich die Jugoslawische Armee nicht leisten. Jederzeit kann also das Kommando zur Weiterfahrt eintreffen. Dann werden die Panzer losrollen. Doch die Kroaten wollen den Weg nicht freigeben. »Auch wenn sie mich niedermachen, ich bleibe hier«, sagt eine alte Frau zornig und verzweifelt.

Die Armeeführung in Belgrad hat die Panzer losgeschickt. Sie sollen in Kroatien zwischen den kämpfenden Serben und Kroaten Position beziehen. Die Kroaten von Lištica meinen jedoch, daß die Armee der falsche Schiedsrichter im Konflikt mit den Serben sei. Ihrer Meinung nach steht sie auf der Seite der Serben und der Zentralregierung in Belgrad. Mit Sorge haben sie die Nachricht gehört, daß die jugoslawische Regierung wichtige Kompetenzen bei der Lösung der Nationalitätenkonflikte in Kroatien in die Hände der Armee gegeben hat. »Wir trauen unserer Armee nicht mehr«, sagt eine Frau. »Leider heißt sie Volksarmee. Aber eigentlich ist sie doch eine Serbenarmee, denn sie kämpft für die Interessen der Serben. Was ist denn das für eine Armee, der das Volk nicht traut?« »Die jugoslawische Führung in Belgrad ist völlig unfähig«, meint ein anderer Dorfbewohner. »Die sitzt schon ein Jahr lang rum, hält Krisensitzungen ab und berät. Bis jetzt hat sie nichts zustande gebracht. Deshalb greift jetzt die Armee ein, das haben wir davon.« Dem Konvoi sollen 300 weitere Panzer folgen. Das haben die Einwohner von Lištica aus Belgrad erfahren. Die Republik Kroatien wird sich bald im Belagerungszustand befinden, fürchten sie. Auch sie fühlen sich bedroht. Zwar gehört ihr Dorf schon zur Republik Bosnien-Herzegowina, aber die Grenze zu Kroatien ist nur ein paar Kilometer entfernt. Und als Kroaten fühlen sie sich für das Schicksal der Republik Kroatien mit verantwortlich.

Am Abend des dritten Tages trifft schließlich der Präsident der Republik Bosnien-Herzegowina Alia Izetbegovič in Lištica ein. Er ist in das kleine Dorf gekommen, um in dem Konflikt zu vermitteln und Schlimmes zu verhüten. Schon damals versuchte Alia

Izetbegovič mit aller Kraft zu verhindern, daß der Krieg in Kroatien auf Bosnien-Herzegowina übergreift. In Lištica gelingt es ihm, eine Eskalation zu verhindern. Lange redet er auf die Menschen dort ein. Sie sollen den Weg freimachen, um die Armee nicht zu provozieren und ein Blutvergießen zu vermeiden. Der Moslem Alia Izetbegovič ist kein Freund der Jugoslawischen Armee, im Gegenteil: er empfindet sie als Besatzer, genauso wie die meisten Moslems und Kroaten in Bosnien-Herzegowina. Aber er weiß ebenfalls, daß er mit offener Konfrontation einen Krieg auch in seiner Republik riskieren würde.

Schließlich kann Alia Izetbegovič die Einwohner von Lištica dazu bringen, den Panzern den Weg freizumachen. Im Schutze der Dunkelheit rollt der Konvoi durch das Dorf in Richtung Kroatien, in die Krajina – dorthin, wo der Krieg wartet.

5. Die Massaker

Die Gesichter der Männer, deren Leichen im August 1991 aus dem Kühlwagen in die pathologische Abteilung des Krankenhauses von Osijek getragen werden, sind kaum mehr zu erkennen. Die Körper aufgedunsen, mit Würmern übersät und teilweise schwarz von der Verwesung, die bereits eingesetzt hat. In der Luft ein fast unerträglicher Gestank. Die Toten in den Uniformen der kroatischen Nationalgarde sind Opfer eines Angriffs von Jugoslawischer Armee und serbischen Verbänden auf die Stadt Dalj 25 km südöstlich von Osijek. Mehrere Tage haben sie dort auf den Straßen und Feldern in der heißen Augustsonne gelegen, ehe sie geborgen werden konnten. Die Armee hatte jeglichen Zugang zu dem Ort verwehrt. Selbst Sanitäter und Ärzte, die Verletzte versorgen wollten, nahm sie unter Beschuß.

Die Leichen sind grausam verstümmelt. Einem der kroatischen Soldaten wurde die Kehle durchgeschnitten, ein anderer starb durch gezielte Schüsse in den Hinterkopf aus geringer Entfernung. Noch davor müssen die Männer verwundet worden sein, nach Schüssen in die Beine und anderen schweren Verletzungen konnten sie weder weglaufen noch sich wehren – das rekonstruieren die Pathologen von Osijek. Augenzeugen, die sich aus Dalj retten konnten, berichten, daß Zivilisten genauso brutal niedergemetzelt wurden wie diese kroatischen Soldaten. Die Täter: serbische Extremisten, die sich in sogenannten Freiwilligenverbänden organisiert haben und sich selbst »Tschetniks« (serbisch richtig eigentlich »četnici«) nennen – so wie die königstreuen paramilitärischen Serbenverbände, die auch während des Zweiten Weltkriegs gegen die kroatische Ustascha kämpften. In ihrer Tradition sehen sich diese Einheiten. Den brutalen Terror, den sie ausüben, verstehen sie als späte Rache für all das, was Kroaten Serben damals angetan haben, als Befreiungskampf gegen die »faschistische kroatische Ustascha«. Das haben ihnen ihre politischen und militärischen Führer eingebleut – und damit unvorstellbarer Grausamkeit Tür und Tor geöffnet.

In Dalj trat diese Grausamkeit erstmals in ihrem ganzen Aus-

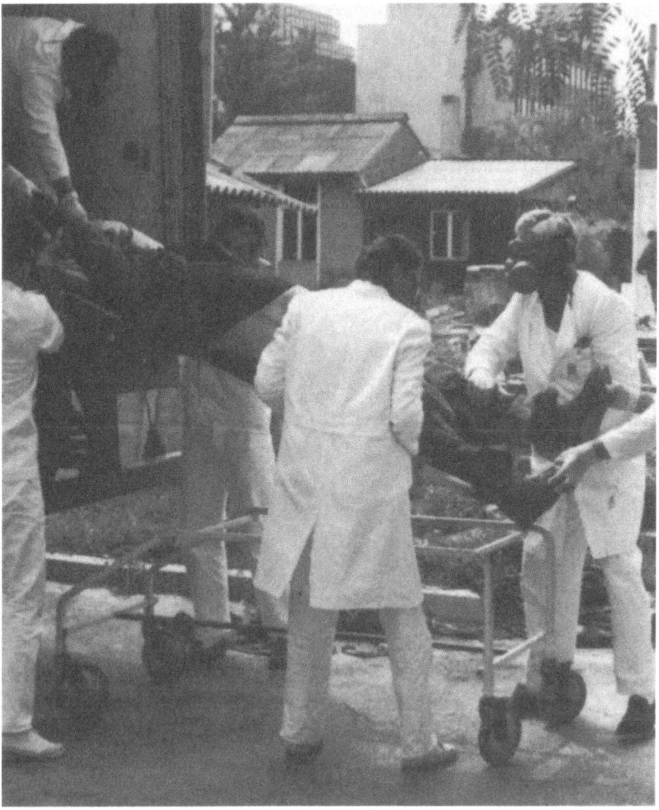

Ein Opfer des Massakers von Dalj

maß offen zutage. Ein Mann wurde auf offener Straße gevierteilt, erzählten die Überlebenden des Massakers, der Kopf eines anderen zu Tode Gequälten aufgespießt und zur Schau gestellt, ein albanischer Bäcker verprügelt und dann mit zwei Schüssen aus nächster Nähe regelrecht exekutiert.

Die Jugoslawische Armee versuchte, die Massaker von Dalj nach Kräften zu vertuschen. Denn die Kommandanten der dort stationierten Einheiten hatten ohne einzugreifen zugeschaut, wie die Serben, deren Freiwilligenverbände zum Teil unter Armeekommando stehen, wehrlose Zivilisten abschlachteten. Während des Massakers und auch noch mehrere Tage danach riegelte die Armee sämtliche Zufahrten nach Dalj hermetisch ab. Durch die Berichte derer, die das Massaker überlebten und flüchten konnten, kam jedoch der Hergang zumindest in groben Zügen ans Tageslicht: Am 1. August 1991 versuchten serbische Verbände, die Polizeistation von Dalj zu besetzen. Die kroatischen Polizisten wollten ihren Posten jedoch nicht räumen und verschanzten sich. Als sie sich auch den Einheiten der Jugoslawischen Armee, die mittlerweile angerückt waren, nicht ergeben wollten, brachen überall in der Stadt Kämpfe aus. Dabei gingen die Einheiten der Jugoslawischen Armee offensichtlich zusammen mit den serbischen Verbänden gegen die Kroaten vor. Nachdem die Jugoslawische Armee aufgrund ihrer militärischen Übermacht die Kontrolle über die Stadt gewonnen hatte, schaute sie tatenlos zu, wie serbische paramilitärische Verbände die Häuser nach kroatischen Soldaten, Polizisten und Zivilisten absuchten und viele, die sie fanden, auf bestialische Weise umbrachten.

Wie viele Menschen dabei ermordet wurden, weiß man bis heute nicht, denn die Region befindet sich auch weiter in Händen der Jugoslawischen Armee und der serbischen Verbände, die sämtliche Untersuchungen des Gemetzels vom August 1991 behindern. Die kroatische Seite spricht von mehreren hundert Toten. Tatsache ist, daß bis heute 200 Einwohner von Dalj und 100 kroatische Soldaten, die dort kämpften, spurlos verschwunden sind.

Schon vor dem Massaker von Dalj waren Kroaten von serbischen Extremisten gefoltert und verstümmelt worden, wie zum Beispiel die zwölf kroatischen Polizisten, die in Borovo Selo drei Monate zuvor von serbischen Dorfbewohnern umgebracht worden waren, von denen bereits die Rede war. Die schrecklichen Einzelheiten dieses Vorfalls wurden ebenfalls erst Tage später bekannt: Einige der Polizisten wurden schwerverletzt auf die Straße gelegt, anschließend fuhr ein Lastwagen über ihre Köpfe. Einem Kroaten schoß man mehrmals in die Beine. Diejenigen, die dann immer noch lebten, wurden durch Genickschüsse getötet, wie der Vertreter Kroatiens im jugoslawischen Staatspräsidium Stipe Mesić später berichtete.

Das Massaker von Dalj übertraf jedoch in seinem Ausmaß und seiner Brutalität alle bis dahin verübten Grausamkeiten. Und: zum ersten Mal wurde klar, daß die Jugoslawische Armee, die doch eigentlich Friedensstifter zwischen Serben und Kroaten sein sollte, sich ganz offensichtlich auf die Seite der serbischen Verbände schlug, indem sie ein solches Massaker überhaupt zuließ. An anderen Massakern beteiligten sich sogar Armeesoldaten. In der Folgezeit kam es immer häufiger zu ähnlich brutalen Ausschreitungen. Später dann begannen umgekehrt auch Kroaten Serben zu mißhandeln, allerdings – soweit bisher bekannt – in weit geringerem Ausmaß. Beobachter internationaler Menschenrechtsgruppen stellten auf der Seite der Serbenverbände und der Jugoslawischen Armee ein immer wiederkehrendes Muster der Kriegführung und Ausübung von Terror fest: Zunächst versuchte die Jugoslawische Armee, über ein Gebiet, das sie einnehmen wollte, die Kontrolle zu gewinnen, indem sie die kroatischen Verteidiger zum Rückzug zwang. Dabei nahm sie das entsprechende Gebiet ohne Rücksicht auf die Zivilbevölkerung unter Artilleriebeschuß. Sobald das Gebiet »befreit« war – so der Armee-Jargon –, wurde meist erst einmal systematisch geplündert. Nachdem die Armee sich zurückgezogen hatte, begannen serbische Verbände, unter anderem auch die sogenannten »Tschetniks«, die Zivilbevölkerung zu terrorisieren.

Immer öfter wurden wir mit Horrormeldungen von neuen Massakern konfrontiert. Am 17. August, nur zwei Wochen nach dem Massaker von Dalj, machte die kroatische Nationalgarde in einem Dorf bei Petrinja nur 60 km südlich der Hauptstadt Zagreb einen schrecklichen Fund: die Leichen von einem kroatischen Bauern und seinen drei erwachsenen Söhnen. Sie wurden von serbischen Terroristen verstümmelt und ermordet. Die Bauern waren vor der Brutalität der serbischen Einheiten aus ihrem Dorf geflohen, die schon gleich nach Beginn des Krieges auch ganz in der Nähe der kroatischen Hauptstadt wüteten. Als sie dann aber doch zurückkamen, um ihr Vieh zu füttern, fielen die serbischen Kämpfer über sie her. Drei von ihnen müssen auf grausamste Weise verstümmelt worden sein – erst dann wurden sie erschossen. Einer von ihnen, ein junger Mann von 23 Jahren, wurde mehrmals angeschossen und vermutlich mit Bajonettstichen verletzt, dann hackten seine Mörder ihm mit einer Axt einen Arm ab. Erst danach töteten sie ihn.

Wie verhetzt müssen Menschen sein, um anderen Menschen solches anzutun? Serben und Kroaten fallen erneut übereinander her, als hätte es die letzten 50 Jahre nicht gegeben. In blindem Haß stürzen sich heute die aufeinander, die gestern noch Nachbarn oder Freunde waren. Dieser Krieg kennt keine Hemmschwelle, denn kaum einer hier hat gelernt, mit Haß und Aggression umzugehen. Und so kommen ihnen nur die alten Muster in den Kopf, die sich überdies durch die tägliche Hetze der Politiker in den Hirnen eingefressen haben. Nach fast 50 Jahren Kommunismus fühlen sie sich frei – aber es fällt ihnen nichts Besseres ein, als zuerst einmal der Gewalt freien Lauf zu lassen und sich gegenseitig umzubringen.

Immer wieder diskutieren wir im Team, ob die Bilder der grausam Verstümmelten den Zuschauern überhaupt zuzumuten sind, ob der Schock und die Abscheu beim Anblick dieser zerstückelten und zerfleischten Körper nicht so groß sind, daß nicht mehr wahrgenommen wird, was wir mit diesen Bildern mitteilen wollen. Ein Teil der Bilder muß gezeigt werden. Keine Großeinstellungen von Schuß- und Schnittwunden, die immer reißerisch wirken, sondern Bilder, die der eigenen Vorstellungskraft Platz lassen und deshalb viel eindrucksvoller sind: die verzweifelten Angehörigen zum Beispiel, der schockierte Gesichtsausdruck der kroatischen Soldaten beim Anblick der ermordeten Nationalgardisten, die leblosen verrenkten Körper aus größerer Entfernung gefilmt. Trotz allabendlicher Berichterstattung haben viele keine Vorstellung, wie brutal dieser Krieg seit Monaten geführt wird: Nachbar gegen Nachbar, Mensch gegen Mensch. Und die wenigsten in Deutschland begreifen, worum es in diesem Krieg eigentlich geht. Wie auch? Selbst Serben und Kroaten können es oft nicht erklären. Gerade deshalb ist es so wichtig, die lange geleugnete Vergangenheit mit einzubeziehen – und zu zeigen, wie sie heute in Kroatien und in Bosnien-Herzegowina fortlebt. Deshalb – und nicht aus Sensationslust – sollen den Zuschauern die Bilder der Massaker nicht erspart bleiben.

Ende 1991 und im Frühjahr 1992 belegten sowohl die Menschenrechtsorganisation amnesty international als auch die amerikanische Gruppe Helsinki Watch mit ausführlichen Protokollen von Augenzeugenberichten Folter, Mißhandlung und die grausame Ermordung besonders von Kroaten durch serbische Verbände und die Jugoslawische Armee, aber auch umgekehrt von Serben durch die kroatische Nationalgarde. Diese Berichte lesen sich wie brutalste Horrorromane, aber sie geben die Wirklichkeit des Krieges in Kroatien wieder, die man sich grausamer und schrecklicher kaum vorstellen könnte. Dabei berücksichtigen sie nicht einmal die Massaker, die in Bosnien-Herzegowina verübt wurden, denn über die Einzelheiten dieser Massaker liegen noch zu wenig Informationen vor.

So berichtete eine Gruppe von Kroaten, die aus dem Dorf Lovas 20 km südöstlich von Vukovar geflüchtet war, wie serbische Verbände, die gemeinsam mit der Jugoslawischen Armee operierten, insgesamt 68 Einwohner des Dorfes zu Tode brachten.

Auch in Lovas wurden die Kroaten – nach dem geschilderten bekannten Muster – zunächst von der Jugoslawischen Armee gezwungen, einen Teil ihrer Waffen abzugeben. Ab Ende September griffen Einheiten der Armee dann das Dorf mit Artillerie an, unterstützt durch serbische paramilitärische Einheiten, die zum Teil sogar von Serben aus Lovas und Umgebung befehligt wurden und dem Armeekommando unterstanden. Am 10. Oktober, so berichteten die Flüchtlinge, richteten diese Einheiten ein Blutbad unter der kroatischen Zivilbevölkerung von Lovas an: Sie zwangen die Menschen, aus den Kellern ihrer Häuser zu kommen, wo sie Schutz gesucht hatten, und erschossen sie. 23 Menschen kamen allein an diesem Tag ums Leben – aus Rache für den angeblichen Mord an einem serbischen Kommandanten, wie es hieß. Eine Woche später griffen die Serbenverbände das Dorf erneut an und besetzten es. Sie terrorisierten die kroatischen Einwohner, die noch nicht geflüchtet waren, auf besonders brutale Weise. Alle Männer im Alter von 18 bis 55 wurden in einem Hof zusammengetrieben. 50 von ihnen mußten sich in Zweierreihen aufstellen, um, wie man ihnen sagte, Weintrauben zu ernten. Während sie durch das Dorf getrieben wurden, ermordeten die Serben zwei von ihnen. Schon zuvor hatten sie einige der Männer mit Schlägen und Messerstichen mißhandelt. Als die Kroaten ans Ende des Dorfes gekommen waren, bekamen sie den Befehl, Hand in Hand in Zweierreihen durch ein Kleefeld zu gehen. Da merkten sie, daß man sie direkt in ein Minenfeld trieb. Als sie bei der ersten Mine angekommen waren, bekamen sie den Befehl, sie mit eigenen Händen zu entschärfen. In diesem Augenblick stolperte einer von ihnen über eine Tretmine. Es folgte eine Reihe von Explosionen, dazu MG-Salven aus den Gewehren der Serben. Die Männer stürzten brüllend vor Schmerz zu Boden; einige so schwer verletzt, daß sie darum baten, man möge sie töten. Einer der Serben gab mehrere Schüsse auf einen der Verwundeten ab, der stöhnend dalag. 17 Kroaten kamen so ums Leben, 11 wurden verwundet.

Immer wieder fielen die Verbände der serbischen Extremisten über das Dorf her, von den Offizieren der Jugoslawischen Armee, die die Exzesse und Grausamkeiten durchaus mitbekamen, kaum gemaßregelt. An Weihnachten flohen dann die meisten Kroaten, die dem Terror bis dahin standgehalten hatten, und überließen ihr Dorf endgültig den Serbenverbänden und der Jugoslawischen Armee.

Das Dorf Lovas ist nur ein Beispiel für die zahlreichen Menschenrechtsverletzungen und brutalen Morde, die im Laufe dieses Krieges in Kroatien begangen wurden. In Široka Kula, einem Dorf bei Gospić, wurden im Oktober 1991 13 Menschen, die meisten von ihnen alte Menschen und mindestens ein Kind, verbrannt oder erschossen, als Serben die Häuser von Kroaten anzündeten. Einen Monat später trieben Soldaten der Jugoslawischen Armee und Angehörige serbischer Verbände die Einwohner des Dorfes Bogdanovci in der Nähe von Vukovar zusammen, um sie willkürlich zu erschießen.

»Sie gaben uns den Befehl, uns in einer Reihe aufzustellen«, berichtete eine 46jährige Albanerin, die überlebt hat. »Auch zwei ältere Kroaten von etwa 80 Jahren, die sie offensichtlich im Dorf gefunden hatten, wurden mit uns in die Reihe gestellt. Einer der Soldaten begann, mit einem Maschinengewehr jeden der Reihe nach zu erschießen. Als er bei mir angelangt war, sagte er: ›Die lasse ich aus‹, und ich wurde als einzige nicht getötet. Bei dieser Erschießung standen eine Menge Armeesoldaten daneben, aber sie taten nichts, um ihren Kameraden am Töten zu hindern. Mich ließen sie allein zurück, und ich versteckte mich hinter einer Mauer. Ich sah, wie sie Videorekorder und Fernsehgeräte auf einen Lastwagen luden. Sie konfiszierten Eigentum aus den verlassenen Häusern. Später entdeckte mich ein Soldat, und sie brachten mich in ein Haus... Ich wurde verhört und innerhalb von zwölf Stunden von verschiedenen Männern mehrmals vergewaltigt... Dann wurde ich von einem serbischen Oberstleutnant verhört, der mich albanisch grüßte. Er sagte, er sei ein Freund meines verstorbenen Mannes... Er sah die Leichen der Ermordeten und fragte mich, wer diese Leute sind, und ich identifizierte die Leichen. Danach meinte er, vielleicht hätten kroatische Gardisten sie umgebracht, aber ich erwiderte, daß ich gesehen habe, wie ein Mann in der Uniform der Jugoslawischen Armee sie erschossen hat. Der Oberstleutnant runzelte die Stirn und schien verärgert. Er sagte, er würde mein Leben verschonen, weil er meinen Mann gekannt hat.«

Wie viele Kroaten bis jetzt bei Massakern und Erschießungen in Kroatien ums Leben gekommen sind, weiß niemand genau zu sagen. Die Menschenrechtsorganisation Helsinki Watch belegt 14 Fälle mit mindestens 200 Opfern – Zivilisten und entwaffnete kroatische Soldaten. Man kann aber davon ausgehen, daß die tatsächliche Zahl wesentlich höher liegt. Dazu kommen die Mißhandlung von Gefangenen und die große Zahl vermißter Personen. Allein in Vukovar sind 3000 Menschen spurlos verschwunden, nachdem die Jugoslawische Armee und serbische Verbände die Stadt im November 1991 besetzt haben. Ob das gesamte Ausmaß der Grausamkeiten überhaupt jemals ans Tageslicht kommen wird, ist jedoch mehr als fraglich.

Trotz alldem scheint sich innerhalb der Jugoslawischen Armee aber auch Widerstand gegen die Massaker in den eroberten kroatischen Dörfern zu regen. Im Dezember 1991 beschuldigten 200 Soldaten in Belgrad ihre eigenen Einheiten, grausam und ohne jeden Anlaß Kroaten regelrecht abgeschlachtet zu haben. Sogar eine Demonstration wagten sie – obwohl sie deswegen sicher mit Strafe und Verfolgung rechnen müssen. Die Armeesoldaten wollten ebenfalls gegen solche Greueltaten protestieren, mit denen ihrer Meinung nach serbische paramilitärische Einheiten einzelner Regionen oft auch persönliche Fehden austragen. Diese Einheiten würden nachrücken, sobald die Jugoslawische Armee ein kroatisches Dorf besetzt habe, berichteten die Soldaten, die zwei Monate als Reservisten im dalmatinischen Hinterland ihren Militärdienst abgeleistet hatten. »Wir können nicht länger die Verantwortung für Grausamkeiten übernehmen, an denen wir nicht beteiligt waren und die wir zu verhindern versuchten«, erklärten sie öffentlich.

Aber nicht nur Kroaten werden von Serben erschossen und massakriert. Während der Krieg in Kroatien immer mehr eskalierte, gab es auch immer öfter Fälle von Serben, die von Soldaten der kroatischen Nationalgarde oder anderen bewaffneten kroatischen Verbänden grausam umgebracht wurden. Mittlerweile ist ein heftiger Streit entbrannt, welche Seite mehr Menschen umbringt als die andere und welche Seite dabei grausamer vorgeht. Die Propagandamühlen der einzelnen Parteien versuchen, die Schreckensmeldungen von Massakern der jeweils gegnerischen Seite indirekt oder auch ganz offen als Rechtfertigung für eigene Menschenrechtsverstöße zu nutzen. Solche Diskussionen sind zynisch, aber sie sind typisch für den Krieg in Kroatien, wo es nur noch um Vergeltung geht – an Versöhnung denkt schon lange keiner mehr.

Ich höre zum ersten Mal im September 1991 von Serben den Vorwurf, daß Kroaten in ihren Gefangenenlagern serbische Kämpfer foltern. Ein Vorwurf, der natürlich ernst genommen werden muß. Zugleich ist das im folgenden geschilderte Erlebnis ein Beispiel dafür, wie schwer es in diesem Krieg ist, Behauptungen zu überprüfen. Ein Beispiel dafür, wie man der Wahrheit nur mühsam auf die Spur kommt, hin- und hergerissen zwischen Propaganda, Gerüchten, Hörensagen und unterschiedlichen Augenzeugenberichten.

Damals fand in Belgrad eine Demonstration gegen die deutsche Politik und gegen die deutsche Berichterstattung über den Krieg in Kroatien statt. »Das deutsche Fernsehen lügt«, riefen die Demonstranten, und: »Die Deutschen sind Faschisten«. Den deutschen Außenminister Hans-Dietrich Genscher setzten sie auf ihren Transparenten mit Hitlers Propagandaminister Joseph Goebbels gleich. Als einziges deutsches Team filmten wir die Kundgebung, bis die Teilnehmer – größtenteils radikale Serben – uns gegenüber so aggressiv wurden, daß wir beschlossen, lieber zu verschwinden. Beim Weggehen steckte mir ein Mitarbeiter vom Fernsehen Belgrad eine Adresse zu. »Dort könnt ihr euch davon überzeugen, daß alle Berichte über Massaker an Kroaten erfunden sind«, sagte er. »In Wahrheit sind es nämlich die Kroaten, die die Serben abschlachten.«

Wir fahren zu der Adresse, die ich erhalten habe, und erreichen das »Aris Café« im Belgrader Nobelviertel Dedinje. Der Besitzer heißt Željko Ražnatović und ist ein bekannter serbischer Tschetnikführer mit dem Spitznamen Arkan. Er begrüßt uns persönlich. Nein, er selbst wolle uns kein Interview geben, denn wir seien ja das deutsche Lügenfernsehen und würden sowieso alles nur verdrehen, meinte er. Aber er habe hier einen Zeugen, der uns Wichtiges erzählen könne. Ein alter Mann wird herbeigeführt, ein Serbe, der uns Fotos von gräßlich verstümmelten nackten Leichen in offenen Särgen zeigt. »Das ist mein Sohn«, sagt er und deutet auf eine der Leichen, die keinen Kopf mehr hat. An einer Tätowierung auf dem Oberarm habe er ihn erkannt, erzählt der Mann. Sein Sohn sei nach Kroatien gegangen, um dort für die Freiheit der serbischen Bevölkerung zu kämpfen. Kroaten hätten ihn gefangengenommen und zu Tode gefoltert. Arkan und seine Leute hätten jetzt nach langen Verhandlungen zumindest seine Leiche nach Hause gebracht. Auch zum Sarg seines Sohnes führt er uns, der im Leichenhaus des nahegelegenen Friedhofs gelagert ist, zusammen mit anderen Särgen, in denen die übrigen von Kroaten umgebrachten Serben liegen sollen, wie der alte Mann erzählt. Die Särge öffnen und nachprüfen, ob dort wirklich verstümmelte Leichen liegen, kommt nicht in Frage. Und selbst wenn – wer kann beweisen, wo diese verstümmelten Toten herkommen, ob es Serben sind oder Kroaten, wo sie gefunden wurden und wer sie umgebracht hat? Ein amerikanischer Fotograf, den ich nach dem Besuch der Leichenhalle in »Aris Café« treffe, bestätigt die Geschichte des alten Mannes. Er habe die Serben, die wohl alle in Arkans Freiwilligenverbänden gegen die kroatische Nationalgarde kämpften, begleitet und miterlebt, wie sie gefangengenommen wurden. Er sei auch bei der Übergabe der verstümmelten Leichen dabei gewesen, sagt der Fotograf. Er habe die Toten wiedererkannt. Es bestünde kein Zweifel, das seien Serben, die von Kroaten massakriert worden seien. Überprüfen können wir die Geschichte nicht. Wir können sie nur weitererzählen – ehrlichkeitshalber mit dem Hinweis, daß wir hier als Berichterstatter an unsere Grenzen stoßen.

Auch die Menschenrechtsorganisation amnesty international und Helsinki Watch müssen sich in ihren Berichten über Massaker an Kroaten und Serben zu großen Teilen auf die Berichte von Augenzeugen verlassen. Der erste Fall eines Massakers an Serben, den sie registrieren, ereignete sich laut Zeugenaussagen im Oktober 1991 in Gospić, 40 km von der Adriaküste entfernt, wo Serben und Kroaten seit August 1991 ununterbrochen kämpfen. Am 16. Oktober drangen dort »fünf Männer, die Uniformen der kroatischen Polizei unter dem früheren Regime trugen«, wie eine Augenzeugin berichtete, in den Keller eines Hauses ein, wo mehrere hauptsächlich serbische Familien Schutz gesucht hatten. Sie fragten nach einem serbischen Angestellten der örtlichen Post und nahmen ihn und sechs andere Serben und Serbinnen mit. Nachbarn erzählten später, sie seien auf einen Lastwagen geladen worden. Zwei Monate später wurden 24 verbrannte Leichen, 15 Männer und 9 Frauen, in einem Dorf in der Nähe von Gospić gefunden. Zwölf von ihnen waren serbische Einwohner von Gospić, darunter auch die sieben, die im Oktober aus dem Keller abgeführt worden waren. Einige der Serben waren durch Schüsse in die Brust oder den Hinterkopf getötet worden, wie ein Belgrader Pathologe feststellte. Andere müssen brutal hingerichtet worden sein. Einem von ihnen wurde offenbar mit einem Messer in den Rücken gestochen, ein anderer mit einem Bajonett oder einer Axt oberhalb des Auges verletzt, wieder einem anderen wurde der Schädel zertrümmert. Die Leichen wurden anschließend auf einen Haufen geworfen, mit Benzin übergossen und angezündet. Die kroatischen Behörden untersuchen nun den Fall. Wie es heißt, reiste Präsident Franjo Tudjman persönlich nach Gospić, um die Hintergründe des Massakers aufzuklären.

In dem Dorf Marino Selo bei Pakrac wurden im November 1991 nach anderen Augenzeugenberichten 14 Serben in kroatischer Gefangenschaft von ihren Bewachern entweder erschossen oder totgeschlagen. Ein Gefangener, der überlebte, erzählte später Vertretern der Menschenrechtsorganisation Helsinki Watch, wie die ersten ermordet wurden: »Vier der kroatischen Nationalgardisten betranken sich öfter und schlugen uns ... Dann führten sie einige der Gefangenen aus der Zelle und sagten ihnen, sie würden ausgetauscht. Nachdem sie ins Freie gebracht worden waren, hörten wir Gewehrfeuer. Die mitgenommen worden waren, kamen nie wieder zurück. Die Gardisten, die sie umgebracht hatten, zwangen uns, die Leichen zu beerdigen. Ich beerdigte sieben.«

Besorgt äußern sich die Menschenrechtsorganisationen auch darüber, daß zahlreiche Serben, unter ihnen auch solche, die von kroatischer Seite festgenommen wurden, spurlos verschwinden. Allein für die Stadt Sisak 60 km südlich von Zagreb werden zehn solcher Fälle aufgeführt.

Die kroatische Regierung hat inzwischen eine Kommission eingesetzt, die Menschenrechtsverletzungen verfolgen soll. Einige Fälle würden bereits untersucht, es seien auch schon Strafen verhängt worden, erklärten die kroatischen Behörden. Im Gegensatz dazu hat die Führung der Jugoslawischen Armee bis heute zu den an sie gerichteten Vorwürfen offiziell keine Stellung genommen. Allerdings soll eine nicht genannte Zahl von serbischen Extremisten paramilitärischer Einheiten aus der Region Knin wegen

Kriegsverbrechen an Zivilisten bereits vor Militärgerichte der Jugoslawischen Armee gestellt worden sein. Auch die Führung Restjugoslawiens hat eine Kommission eingesetzt. Sie soll aber – so der ausdrückliche Auftrag – ausschließlich Material über »den Völkermord an der serbischen Bevölkerung und anderen nicht-kroatischen Nationalitäten in der abtrünnigen Republik Kroatien« sammeln. Kriegsverbrechen an Kroaten soll sie ganz offensichtlich nicht untersuchen.

Die serbische Führung weist alle Vorwürfe zurück, sie begünstige Menschenrechtsverletzungen, indem sie die paramilitärischen serbischen Verbände in Kroatien unterstütze. »Wir drücken hiermit unsere Überraschung darüber aus, daß Sie die Republik Serbien für solche Mißhandlungen im kroatischen Konflikt verantwortlich machen«, heißt es in einem Brief der serbischen Regierung an die Menschenrechtsorganisation Helsinki Watch. »Es gibt keine Gründe für Ihre Behauptungen, denn die militärischen Operationen in Kroatien werden von Angehörigen der regulären Volksarmee und von der dortigen serbischen Bevölkerung durchgeführt, die durch die Aktionen der kroatischen sezessionistischen Regierung gezwungen wurde, zur Selbstverteidigung zu den Waffen zu greifen.« Die serbische Führung bleibt bei ihrer abenteuerlichen Version, sie habe mit dem Krieg in Kroatien nichts zu tun.

Der Krieg in Kroatien und auch der in Bosnien-Herzegowina kennt weder Regeln noch Rücksichten – das machen die brutalen Massaker deutlich. Er ist zum einen ein Eroberungskrieg, den die stärkere Jugoslawische Armee gegen die unterlegenen Streitkräfte der Republik Kroatien führt. Und zum anderen ist er ein Bandenkrieg, in dem irreguläre und schwer kontrollierbare Einheiten von serbischen Kämpfern in den jeweiligen Regionen alte Rachegelüste befriedigen – die mittlerweile ebenso gewalttätige Reaktionen auf kroatischer Seite nach sich ziehen. In jedem Fall leidet vor allem die Zivilbevölkerung unter den Massakern und Grausamkeiten, die im heutigen Europa so unvorstellbar schienen. Dieser Krieg setzt das fort, was während der letzten Jahre weder verarbeitet noch verziehen wurde. Die Vergangenheit hat das ehemalige Jugoslawien eingeholt.

6. Mißbrauch der Vergangenheit

Die Gedenkstätte von Prebilovci befindet sich kurz vor dem Dorf, dem Friedhof gegenüber. Knapp 150 Serben leben in dem Ort, der in der Republik Bosnien-Herzegowina 20 km südlich von Mostar liegt. Vor dem Zweiten Weltkrieg hatte das Dorf 1000 Einwohner. Die Älteren erinnern sich noch genau daran, wie im Jahre 1941 die Schergen der kroatischen Ustascha ins Dorf kamen, um fast die gesamte Bevölkerung auszurotten. Sie trieben die Menschen zusammen, auch Alte, Frauen und Kinder. »Sogar Säuglinge im Alter von einem Monat waren dabei«, erzählt ein alter Serbe. »Die Ustascha haben die Serben damals gezwungen, zu den großen Karsthöhlen vor dem Dorf mitzukommen. Sie wurden in die Höhlen hineingestoßen, Steine und Handgranaten hinterhergeworfen.« Bis zu 60 Meter sind diese Höhlen tief – Massengräber, in denen die serbischen Opfer auf qualvolle Weise langsam dahinstarben. Serbische Königstreue, die sogenannten Tschetniks, und Titos Partisanen rächten sich später nicht weniger grausam an den Kroaten. Das, was in Prebilovci geschah, wiederholte sich in unzähligen anderen Dörfern und Städten. Von den 1,7 Mio. jugoslawischen Opfern des Zweiten Weltkriegs kamen so mehr als die Hälfte nicht etwa durch die Besatzer aus dem Ausland, sondern durch die eigenen Landsleute ums Leben.

Allein in der Gegend um Prebilovci gab es 13 Massengräber. Alle im Dorf wußten es. Aber nach Kriegsende durfte keiner davon sprechen. 46 Jahre lang war das Thema tabu. Unter der neuen kommunistischen Regierung wurden die Höhlen mit einer Betondecke verschlossen, die Vergangenheit regelrecht zugemauert. Die Ereignisse des Zweiten Weltkrieges, vor allem der blutige Bürgerkrieg in Kroatien und Bosnien-Herzegowina, sollten in Vergessenheit geraten. All das paßte nicht zu der internationalistischen Ideologie, die die herrschende kommunistische Partei vertrat. In den Geschichtsbüchern wurde zwar ausführlich von dem sogenannten »Nationalen Volksbefreiungskrieg« geschrieben, dem Kampf, den Titos Partisanen gegen die deutschen Okkupanten führten; das grausame Gemetzel der Jugoslawen untereinander durfte die Historiker jedoch nicht interessieren. Man wollte die Feindseligkeiten und Aggressionen zwischen den einzelnen Nationalitäten vertuschen oder totschweigen. Tito, der Gründer der Föderativen Volksrepublik Jugoslawien, seit 1963 Sozialistische Föderative Republik Jugoslawien, unterdrückte mit der Partisanenlosung von der »Brüderlichkeit und Einheit« sämtlicher Einwohner des neuen Staates ganz autoritär jegliche offene Diskussion über die vorhandenen Konflikte, die jedoch trotzdem weiterschwelten. Mit der Schaffung eines föderativen Staatsaufbaus und der politischen Umstrukturierung Jugoslawiens meinte er alle nationalen Probleme endgültig beseitigt zu haben. »Die Nationalfrage ist bei uns gelöst, und zwar sehr gut gelöst, zur allseitigen Zufriedenheit unserer Nationen. Sie ist so gelöst worden, wie dies Lenin und Stalin gelehrt haben«, erklärte Tito 1948. Er irrte sich.

Es war ein Irrtum, den auch andere kommunistische Staatsführungen Osteuropas begingen. Im Vielvölkerstaat Jugoslawien mußte er besonders tragische Folgen haben. Gut ein Dutzend Nationen und nationale Minderheiten leben hier. Nach Titos Tod hat kein Politiker des Landes eine ähnliche Autorität entwickelt, um dieses Völkergemisch zusammenzuhalten. Zu groß waren die politischen, kulturellen und historischen Unterschiede zwischen den nördlichen Republiken Slowenien und Kroatien, die bis zum Ersten Weltkrieg als Teil Österreich-Ungarns eher westlich orientiert und geprägt waren, und den südlichen Republiken Serbien, Bosnien-Herzegowina, Montenegro und Mazedonien, die über Jahrhunderte hinweg vor allem durch die türkische Besatzung östlich-byzantinischem Einfluß ausgesetzt waren.

Schon einmal war ein Versuch fehlgeschlagen, die Slawen Südosteuropas in einem Staat zu vereinen: Das »Königreich der Serben, Kroaten und Slowenen«, 1918 gegründet, scheiterte vor allem an dem Konflikt zwischen den Serben auf der einen Seite, die diesen Staat als Verwirklichung ihres jahrhundertealten Traumes von einem Großserbien verstanden, und den Kroaten auf der anderen Seite, die sich eben deswegen von den Serben unterdrückt sahen und den neugeschaffenen Staat schon bald ablehnten. In dieser Zeit entstand die kroatische Ustascha, deren Name heute als Schlagwort in aller Munde ist (genau: »Ustaška Hrvatska Revolucionarna Organizacija« – »Aufständische Kroatische Revolutionäre Organisation«). Sie wurde im Januar 1929 als Widerstandsorganisation gegen die Alleinherrschaft des serbischen Königs gegründet. Aber erst zwölf Jahre später erlangte sie entscheidende Bedeutung, als Adolf Hitler ihren Vorsitzenden Ante Pavelić zum »Führer« eines faschistischen unabhängigen Staates Kroatien machte. Die Ustascha, die angetreten war, um gegen eine Königsdiktatur zu kämpfen, verbreitete daraufhin selbst Schrecken und Terror.

Ein anderes Schlagwort, das heute ebenfalls im Zusammenhang mit dem Krieg in Kroatien ständig fällt, ist die Bezeichnung »Tschetniks« (richtig, wie bereits erwähnt, eigentlich »četnici« von dem serbischen Wort »četa«, das die Bezeichnung für eine militärische Einheit in Kompaniestärke ist). So hießen schon die serbischen Wehrbauern, die entlang der Militärgrenze zum Osmanischen Reich siedelten, um diese gegen Angriffe der Türken zu verteidigen. Später, während des Zweiten Weltkriegs, als der serbische König vor den deutschen Besatzern nach London geflohen war, nannten sich die Königstreuen Tschetniks. Sie kämpften gegen die kroatische Ustascha und für die Wiederherstellung eines Königreichs in Jugoslawien. Im kommunistischen Nachkriegsjugoslawien waren sowohl die serbischen Tschetniks als auch die kroatische Ustascha unter Androhung hoher Strafen verboten. 1990 formierten sich die Tschetniks jedoch von neuem. Auch im jetzigen Krieg kämpfen sie für ein großserbisches Königreich; in erster Linie gehen sie aber gegen alles vor, was kroatisch ist.

Die kroatische Ustascha wurde nicht neu gegründet. Dafür aber die rechtsradikale »Kroatische Partei des Rechts« (»Hrvatska Stranka Prava«), die für ein großkroatisches Reich eintritt, wie es vor mehr als 1000 Jahren unter dem kroatischen König Tomislav bestand. Ihre Mitglieder sehen sich in der Tradition der historischen »Partei des Rechts«, die vor 130 Jahren gegründet worden war und deren letzter Parteisekretär, Ante Pavelić, die Ustascha ins Leben rief. Die heutige Kroatische Partei des Rechts hat – ebenso wie die Tschetniks auf serbischer Seite – eine kämpfende Truppe, die nach eigenen Angaben etwa 10 000 Mann umfaßt, die HOS (»Hrvatske Obrambene Snage« – »Kroatische Streitkräfte«). Obwohl im Oktober 1991 paramilitärische Organisationen in Kroatien zwar per Gesetz für illegal erklärt wurden, wurde die HOS jedoch nicht verboten. Ihre Soldaten kämpfen unter dem Kommando der kroatischen Nationalgarde weiter gegen serbische Verbände und die Jugoslawische Armee. An schwierigen Frontabschnitten, zum Beispiel in Vukovar, wurden sie wegen ihrer besonders großen Kampfbereitschaft sogar bevorzugt eingesetzt. Die Verbände der Tschetniks und anderer serbischer paramilitärischer Organisationen sind jedoch um ein Vielfaches größer als die der kroatischen Rechtsradikalen. Darüber hinaus werden sie von der Jugoslawischen Armee unterstützt, unter deren Kommando ein Teil ihrer Einheiten zumindest der Form nach steht.

Auf serbischer und kroatischer Seite wiederholt sich nicht nur der alte Konflikt, sondern auch die Gewalt. Die bewaffneten Einheiten der jeweiligen Partei tragen das Ihre dazu bei, oft genug ohne die Kontrolle der Streitkräfte, denen sie eigentlich unterstehen sollten. Immer neue Erkenntnisse über die so lange verschwiegene Vergangenheit setzen keine Vergangenheitsbewältigung in Gang, sondern liefern im Gegenteil gerade Munition, um erneut übereinander herzufallen – seit Anfang 1992 auch in der kroatischen Nachbarrepublik Bosnien-Herzegowina. Das Dorf Prebilovci und die benachbarten Ortschaften sind hierfür ein Beispiel.

In Prebilovci wurden die Gebeine der im Zweiten Weltkrieg umgebrachten Bewohner mehrerer serbischer Dörfer im näheren Umkreis erst im Februar 1991 ans Tageslicht gebracht. Auf Drängen der Angehörigen öffnete man die Betondecken der Massengräber – und fand die Überreste von 3000 Ermordeten, weit mehr, als man jemals auch nur geahnt hatte. In der Gedenkstätte gegenüber dem Friedhof werden sie nun aufbewahrt.

Der Totenwächter will uns nicht hereinlassen, als er hört, daß wir Deutsche sind. Erst nachdem der Bürgermeister des Ortes uns in Begleitung einer Delegation persönlich in Augenschein genom-

Die Gruft von Prebilovci

men hat, dürfen wir eintreten. Nicht ohne den Hinweis, man hoffe, daß wir »objektiv« und nicht so serbenfeindlich wie andere deutsche Medien über das Dorf berichten werden. In der Gruft starren uns unzählige Totenschädel aus schwarzen Augenhöhlen an, daneben, säuberlich gestapelt, wahre Knochengebirge. Ein Massengrab von Namenlosen, die jahrzehntelang versteckt wurden und jetzt – so meinen jedenfalls viele Serben in der Gegend – gerächt werden müssen. Der Totenwächter erzählt uns aufs ausführlichste und anhand verschiedener Waffen und Geräte, die ebenfalls in den Höhlen gefunden wurden, wie brutal man die Serben von Prebilovci und den umliegenden Dörfern umgebracht hat. Führende serbische Politiker haben die Gruft bereits besucht, hören wir. Die grausigen Funde aus der Vergangenheit nutzen sie für die Gegenwart, um erneut Stimmung gegen die Kroaten zu machen. Sie haben erreicht, daß die Enkel der Opfer von gestern heute in den Städten und Dörfern der Republik Bosnien-Herzegowina kämpfen. Die gemeinsame Geschichte gegenseitiger Grausamkeiten wird mißbraucht, um neue Konflikte zu schüren. Und der Plan geht auf – auch in der Gegend um Prebilovci. Dort brachen schon Anfang 1992 offene Feindseligkeiten zwischen Serben und Kroaten aus. Und genauso wie in Sarajevo fanden hier gnadenlose Gefechte zwischen Serben, Moslems und Kroaten statt. Den Beginn der Spannungen bekommen wir bei unserem Besuch im Februar 1992 am eigenen Leib zu spüren.

Die Einwohner von Prebilovci wollen uns eine Gedenksäule zeigen, die sie vor kurzem für die 3000 ermordeten Serben, die in der Gruft vor ihrem Dorf liegen, errichtet haben. Diese Säule sei vor einigen Tagen gesprengt worden, erzählen sie. Die Täter habe man noch nicht gefunden, aber es seien sicher Kroaten gewesen. Die gesprengte Gedenksäule liege gleich neben einem der ehemaligen Massengräber, einer Höhle in der Nähe der Stadt Čaplina. Dorthin wollen sie uns führen, obwohl in Čaplina mehrheitlich Kroaten wohnen und es dort immer häufiger Schießereien zwischen Kroaten und Serben gibt. Čaplina ist für die Serben von Prebilovci bereits feindliches Territorium. Der Wechsel zwischen den Fronten hat für uns unangenehme Folgen.

Der umgestürzte Obelisk und das Gedenkkreuz am Eingang der Höhle liegen etwas außerhalb von Čaplina, in unwegsamem Gelände hoch über dem Tal des Flusses Neretwa, der in der südlichen Herzegowina die mehrheitlich kroatisch besiedelten Gebiete von den mehrheitlich serbisch besiedelten trennt. Nur wenige hundert Meter entfernt, auf der anderen Seite des Berges, befindet sich der kroatische Marienwallfahrtsort Medjugorje zu dem zehntausende Wallfahrer jährlich pilgerten, als der Krieg in Kroatien und in Bosnien-Herzegowina noch nicht ausgebrochen war.

Wir besichtigen und filmen das Gedenkkreuz für die ermordeten Serben und die zertrümmerte Säule. Der Haß aufeinander ist dermaßen groß, daß er noch nicht einmal vor den Toten haltmacht – geschweige denn vor den Lebenden.

Auf dem Rückweg werden wir mitten in den Bergen ungewollt Zeugen einer geheimen Zusammenkunft kroatischer Freiwilligenverbände, was uns prompt großen Ärger einbringt. In einem Wald in der Nähe des gesprengten Denkmals haben sich kurz vor Einsetzen der Dämmerung kroatische Kämpfer aus Čaplina gesammelt. Anscheinend verbringen sie in dieser verlassenen Gegend hoch über ihrer Stadt die Nacht, um die Menschen unten vor eventuellen Angriffen der Serben auf der anderen Seite des Flusses zu schützen. Wir überraschen sie, als sie gerade eine Lagebesprechung abhalten. Daß wir uns das serbische Denkmal angeschaut und es gefilmt haben, können sie sich denken. Daß wir jetzt auch noch ihren Treffpunkt entdeckt haben, scheint sie jedoch erst recht zu ärgern. Zwei bewaffnete Männer in Milizuniformen versperren uns den abschüssigen Feldweg und zwingen unseren Fahrer, einen Serben, zum Anhalten. Es sind Kroaten aus der nahegelegenen Stadt Čaplina, die barsch fragen, was wir hier oben zu suchen haben. Die Kassetten mit den Aufnahmen, die wir gemacht haben, sollen wir ihnen ausliefern. Aber damit sind wir natürlich nicht einverstanden. Für sie ist alles klar: Ein Fernsehteam aus dem Ausland, das in serbischer Begleitung durch kroatisch kontrolliertes Gebiet fährt – das müssen Spione sein. »Was soll das?« fragen sie, als wir ihnen erklären, daß wir lediglich die serbische Gedenkstätte aufnehmen wollten. »Ihr macht ja doch nur Propaganda, zusammen mit den Serben.« Sie hindern uns am Weiterfahren, weil wir unser gedrehtes Material nicht hergeben wollen. Presseausweis, Korrespondentenakkreditierung, deutsche Reisepässe, Zureden und Beschweren – nichts hilft. Mittlerweile haben sich auch einige der kroatischen Kämpfer unserem Wagen genähert. Jeder von ihnen hält eine Maschinenpistole in der Hand, mit der er drohend herumfuchtelt, wenn er mit uns redet. Den ganzen Wagen durchsuchen die Kroaten nach Kassetten, und zwei finden sie: eine im Kofferraum, die andere in der Kamera – alle anderen haben wir vorsichtshalber erst gar nicht mitgenommen. Nachdem ich mir habe anhören müssen, daß wir verdächtig sind, weil die Kroaten in dieser Gegend keinem trauen, der mit Serben in seinem Auto sitzt, und daß wir uns bei der Polizei hätten anmelden müssen, bevor wir hierher gekommen sind, ist klar, daß man mit diesen Bewaffneten nicht vernünftig reden kann. Ganz offensichtlich gehören sie zu irregulären Verbänden, die sich selbst zu Ordnungshütern erklärt haben und weder Recht noch Gesetz kennen. Mit großer Mühe können wir sie überzeugen, Polizisten der Station von Čaplina zu holen, die nach etwa einer Stunde endlich eintreffen. Sie reden mit den selbsternannten Sheriffs, mit Nachsicht und ohne jeden Vorwurf allerdings – solche Überfälle sind hier anscheinend gang und gäbe. Unsere Kassetten nehmen die Polizisten aus Čaplina, ebenfalls Kroaten, an sich. Erst später, als wir die selbsternannten Gebirgsjäger zurückgelassen haben, geben sie sie uns wieder zurück. Es soll ja nicht der Eindruck entstehen, wir kämen ungestraft davon. Dann geben uns die Polizisten noch Geleitschutz bis in die Stadt, wo sich der Zwischenfall mit den fremden Eindringlingen bereits herumgesprochen hat. Am Ortseingang steht eine Gruppe schimpfender Menschen, eine Frau wirft unserem Wagen einen Stein hinterher. Und ich überlege, was passiert wäre, wenn uns die Polizisten aus Čaplina nicht in Sicherheit gebracht hätten, wenn wir bis zum Einbruch der Nacht dort oben gestanden hätten oder wenn wir in einem serbischen Dorf, wo die Menschen oftmals noch mißtrauischer sind, in eine gleiche Situation gekommen wären.

Die Vergangenheit lebt in diesem Krieg fort. Und für alle Seiten gleichermaßen bedeutet Vergangenheit und die Erinnerung daran in erster Linie Haß – dafür sorgen die Extremisten welcher Nationalität auch immer. Die Vergangenheit, zuvor verschwiegen und verleugnet, wird jetzt verdreht und mißbraucht. Erhebliche Energie wird dafür eingesetzt zu zeigen, daß die anderen, die ehemaligen Gegner, heute immer noch Feinde sind.

7. Die Hetzer: Milošević, Tudjman und die Medien

Begonnen hat alles mit einem Krieg der Worte. Im Mai 1986, als Slobodan Milošević an die Spitze der Kommunistischen Partei Serbiens rückte, blies er zur nationalistischen Schlacht zunächst vor allem gegen die Albaner im Kosovo, dann gegen die Nachbarrepublik Kroatien. Franjo Tudjman, der in Kroatien im Mai 1990 an die Macht kam, antwortete auf die kroatenfeindliche Politik der Serben bereitwillig mit ähnlichen Tönen und rief seinerseits zum Kampf gegen die Serben auf. Aus dem Krieg der Worte wurde ein groß angelegter Medienkrieg, der schließlich in bewaffnete Auseinandersetzungen mündete.

Die Präsidenten der beiden größten Republiken des ehemaligen Jugoslawiens stehen sich in nichts nach, wenn es um nationalistische Parolen und kämpferische Aufrufe an »das Volk« geht. Sie spielen dasselbe Spiel – aber gegeneinander. Ausgeprägter Nationalismus ist ein unerläßlicher Bestandteil ihrer Politik, denn für sie ist er der Schlüssel zur Macht. Um ihre jeweilige Position im Lande zu stärken, haben sowohl Slobodan Milošević als auch Franjo Tudjman die Konfrontation mit der jeweils anderen Nation riskiert – und ihre Völker in einen Krieg geführt, den schließlich keiner mehr einzudämmen, geschweige denn zu beenden wußte. Beide haben mit dem angeschlagenen Selbstbewußtsein der Serben bzw. der Kroaten gespielt, um Stimmen zu sammeln. Beide bauten mit den alten Feindbildern gezielt Fronten auf, um innenpolitische Konflikte zu verschleiern. Beide regieren mit einem Einparteiensystem, einer schwachen Opposition und einer Verfassung, die dem Präsidenten der Republik weitreichende Rechte garantiert. Beide pflegen den Persönlichkeitskult und das Image der Unfehlbarkeit, wo Kritiker keinen Platz haben. Beide benutzen den Krieg, um die Privatisierung der Wirtschaft und andere nötige Reformen nicht voranzutreiben, sondern im Gegenteil weiterhin wie gehabt Staatsbetriebe zu fördern – als tragende Säulen der Kriegswirtschaft. Und: beide halten die Medien, besonders Fernsehen und Radio, als Propagandamittel für ihre Politik fest unter

Kontrolle. Ohne Krieg und Konflikt, da sind sich die Kritiker beider Seiten einig, würden der Präsidentenstuhl von Slobodan Milošević, aber auch der von Franjo Tudjman kräftig ins Wanken geraten. Und umgekehrt stellt sich die Frage, ob dieser Krieg nicht hätte verhindert werden können, wenn in Serbien und Kroatien nicht ausgerechnet Slobodan Milošević und Franjo Tudjman die Politik bestimmt hätten.

Als Slobodan Milošević 1987, ein Jahr nachdem er Vorsitzender der serbischen Kommunisten geworden war, auch noch das Präsidentenamt übernahm, trat die Wirtschaftskrise Jugoslawiens in ihrem vollen Ausmaß zutage. Besonders in den wirtschaftlich unterentwickelten Republiken, zu denen auch Serbien gehört, ging es den Menschen immer schlechter. Eine hohe Staatsverschuldung, heruntergewirtschaftete Mammutbetriebe, Inflation, einsetzende Arbeitslosigkeit – die Bevölkerung war zunehmend verunsichert und unzufrieden. Bis dahin hatte man ihr vorgegaukelt, das jugoslawische Modell der Selbstverwaltung, der »dritte Weg« zwischen Kapitalismus und den Systemen anderer kommunistischer Staaten, sei der einzig richtige. Jahrzehntelang hatte man mit Hilfe von Auslandskrediten auf Pump gelebt, ohne die Gelder an der richtigen Stelle zu investieren oder mit den nötigen Wirtschaftsreformen das ineffektive System der Selbstverwaltung zu korrigieren. Nach Titos Tod flossen die Auslandskredite jedoch spärlicher, die Schulden wuchsen.

Jugoslawien, das in Europa bis dahin vor allem als sonniges Urlaubsland gegolten hatte, geriet in eine Dauerkrise. 1989 erreichte die Inflationsrate 2700 %, für 1992 wird mehr als 100 000 % prophezeit.

Vor diesem Hintergrund war es für Slobodan Milošević, den die Serben schon bald liebevoll »Slobo« nannten, ein leichtes, die Massen in Bewegung zu setzen. Die Serben folgten bereitwillig dem neuen Führer, der versprach, »dem Volk (gemeint waren die Serben) die Würde zurückzugeben«, den Demütigungen ein Ende zu setzen und den Serben innerhalb Jugoslawiens endlich die Führungsposition zu garantieren, die ihnen – so die serbische Sicht – schon aus historischen Gründen zustand. Der großserbische

Traum, der Herrschaftsanspruch über die anderen Völker Jugoslawiens, der unter Tito vergessen schien, geriet wieder ins Bewußtsein der serbischen Nation. Es folgte eine unglaubliche Hetze gegen Angehörige anderer Nationalitäten. Zunächst beschränkte sie sich auf die Republik Serbien, wo sie sich in erster Linie gegen die albanische Bevölkerung richtete.

Seit dem Sommer 1988 ließ Milošević in ganz Serbien, einschließlich der zu Serbien gehörenden autonomen Provinzen Vojvodina und Kosovo, wo die Albaner mit 90 % die Bevölkerungsmehrheit bilden, Massendemonstrationen, sogenannte »meetings«, organisieren. Die Demonstranten, ausschließlich Serben, protestierten gegen die angebliche Unterdrückung von Serbien durch Albaner im Kosovo und gegen die »albanische Konterrevolution«. So nannten sie die Bestrebungen der Albaner nach mehr Autonomie. Daß die Angehörigen anderer Nationalitäten in den autonomen Provinzen Vojvodina und Kosovo mehr Eigenständigkeit und Mitspracherecht forderten, sei ein direkter Angriff auf das serbische Volk, wurde den Serben eingeredet – und immer mehr glaubten es. »Tod den Albanern!« und »Wir wollen Waffen!« lauteten die Losungen der Demonstranten. Bei einer Mammutveranstaltung im November 1988 in Belgrad, wo Miloševićs Leute eine Million Teilnehmer mobilisiert hatten, bereitete der Serbenpräsident sein Volk bereits auf einen Krieg für die »Gleichberechtigung« der Serben innerhalb Jugoslawiens vor: Die Zeit zum Kämpfen sei angebrochen, meinte er, keine Macht der Welt könne Serbien aufhalten.

Unter dem Druck der Massenkundgebungen wurde die Führung der Provinz Kosovo Anfang 1989 abgesetzt. Sie hatte noch einigermaßen die Autonomie der dort lebenden Albaner gewährleistet. Die Politiker, die nachrückten, hatte Milošević fest in der Hand. Das gleiche war vorher schon in der Vojvodina geschehen. Es folgte eine Änderung der serbischen Verfassung, die die Autonomie der beiden Provinzen Kosovo und Vojvodina und der dort lebenden Albaner, Ungarn, Kroaten und Angehörigen anderer Nationalitäten drastisch einschränkte. Die Proteste der Albaner im Kosovo gegen diese Verfassungsänderung wurden mit Polizei-

Panzer in der Fußgängerzone von Belgrad am 9. 3. 1991

und Armee-Einsätzen gewaltsam unterdrückt, es gab zahlreiche Tote und Verletzte.

Nachdem er so die »Gleichberechtigung« der Serben innerhalb Serbiens wiederhergestellt hatte, machte sich Slobodan Milošević daran, die Einheit und Gleichberechtigung aller Serben auch außerhalb der Grenzen Serbiens zu erkämpfen. »Alle Serben in einem Staat« – mit diesem Motto mobilisierte er den radikalen Teil der serbischen Bevölkerung in Kroatien, wo es bereits im Sommer 1990 zu ersten gewaltsamen Auseinandersetzungen zwischen Serben und Kroaten kam. Und im Januar 1992 rief auch die serbische Bevölkerung der Republik Bosnien-Herzegowina wie zuvor die Serben in Kroatien eine eigene Republik aus.

Slobodan Milošević streitet jedoch ab, daß Serbien am Krieg in Kroatien und Bosnien-Herzegowina beteiligt ist, obwohl seine Regierung Waffen, Geld und Kämpfer in die Kriegsgebiete schickt. Er bleibt bei seiner Behauptung, in Kroatien finde ein Bürgerkrieg statt zwischen den in Kroatien lebenden Serben und der »faschistoiden Regierung« von Präsident Franjo Tudjman. Die Unterstützung der in Kroatien kämpfenden serbischen Einheiten wird in Belgrad – zynisch genug – als »humanitäre Hilfe« bezeichnet. In Kroatien und Bosnien-Herzegowina treten andere offen für die serbische Position ein.

Königstreue Tschetniks

Vojislav Šešelj zum Beispiel, der sich und seine Freiwilligentruppe als Tschetniks bezeichnet. Seine Leute verbreiten in Kroatien und Bosnien-Herzegowina unter der kroatischen und moslemischen Zivilbevölkerung Angst und Schrecken. Ihn hat der serbische Präsident zu seinem Sprachrohr gemacht, wenn es darum geht, Kriegsziele zu formulieren. Immer wieder verkündet Vojislav Šešelj, wie das künftige Großserbien aussehen soll. Große Teile Bosnien-Herzegowinas, Mazedonien und Montenegro sollen dazugehören, und »natürlich« die serbisch besiedelten Gebiete Kroatiens bis zur Linie entlang der Städte Karlobag, Karlovac und Virovitica. Auch Dubrovnik solle serbisch werden, verkündete er im Januar 1992 ganz selbstverständlich im Parlament von Belgrad: »Jetzt müssen wir nur noch besprechen, auf welchem Weg wir diesen Plan verwirklichen«, meinte er. »Am besten, wir (gemeint sind die Serben) organisieren eine verfassungsgebende Versammlung für ein neues Jugoslawien.« Nach der Devise »Alle Serben in einem Staat« ist es inzwischen noch nicht einmal von Bedeutung, ob die Gebiete mehrheitlich von Serben bewohnt sind oder nicht, die der Tschetnikführer im Namen des serbischen Präsidenten in Anspruch nimmt. Den Plänen der serbischen Kämpfer zufolge soll Kroatien auf ein Drittel seines Territoriums reduziert werden, »auf soviel, wie man vom Turm der Zagreber Kathedrale aus übersehen kann«.

Bereits vor seinem Amtsantritt erwiderte Franjo Tudjman die großserbischen Sprüche aus Belgrad mit entsprechenden kroatisch-nationalistischen Parolen. Während des Wahlkampfes dachte er laut über ein »Kroatien in seinen historischen Grenzen« nach, das genauso wie das geplante Großserbien weite Teile Bosnien-Herzegowinas umfaßt. »Sollte es zum Versuch kommen, ein Großserbien zu bilden oder sollte Jugoslawien zerfallen, dann bestehen wir auf der Wiederherstellung der natürlichen und historischen Grenzen Kroatiens und werden uns nicht mit diesen unnatürlichen, absurden Grenzen abfinden«, meinte er kurz nach seiner Wahl zum Präsidenten Kroatiens. Mit solchen Äußerungen begeisterte Franjo Tudjman die kroatischen Wähler. Die Serben in Kroatien verschreckte er damit. Besonders durch die Bemerkung, wem es in Kroatien nicht gefalle, könne die Republik ja verlassen, wurde er für die serbische Bevölkerung der Republik zur personifizierten Bedrohung. »Tudjman glaubt, seine Partner seien die Slowenen, die Albaner im Kosovo und die Moslems in Bosnien«, meinte damals ein in Kroatien lehrender serbischer Kommunikationswissenschaftler. »Seinen wichtigsten Alliierten hat er aber vergessen: die in Kroatien lebenden Serben.«

Unter Tito kämpfte Franjo Tudjman als jüngster Partisanengeneral für ein kommunistisches Jugoslawien. Mittlerweile ist aus dem Kommunisten, der als Dissident aus dem Bund der Kommunisten Jugoslawiens ausgeschlossen und zweimal zu Gefängnisstrafen verurteilt wurde, jedoch ein Nationalist geworden. Den Begriff »positiver Nationalismus« benutzt er gerne und meint damit das Recht der kroatischen Nation auf Selbstbestimmung. Ein Recht, das anderen Nationen, besonders der serbischen Bevölkerung in Kroatien, nur bedingt zugestanden wird. »Die Republik Kroatien ist hiermit der Nationalstaat der kroatischen Nation« steht in der kroatischen Verfassung. Die Serben werden zu »Angehörigen anderer Nationen und Minderheiten« deklassiert. Ein Gesetz zum Schutz ebenjener Minderheiten, das den Serben in Kroatien dort lokale Autonomie zusichert, wo sie mehr als die Hälfte der Bevölkerung ausmachen, wurde erst im Dezember 1991 unter dem Druck der Europäischen Gemeinschaft verabschiedet, die Kroatien sonst als unabhängigen Staat nicht anerkannt hätte. Eine solche lokale Autonomie hatten die Serben in der Krajina ursprünglich gefordert. Indes – das Gesetz kam zu spät. Ein Jahr früher beschlossen hätte es vielleicht die Eskalation von den gewaltsamen Auseinandersetzungen in der Krajina bis hin zum Krieg verhindern können.

Franjo Tudjman schaffte es nicht, den in Kroatien lebenden Serben die Angst vor der – laut Belgrader Propaganda – »faschistischen Ustascha-Regierung« in Zagreb zu nehmen; vielleicht wollte er es auch gar nicht. Auf jeden Fall lieferte er mit seiner Politik eben dieser Propaganda immer wieder neuen Zündstoff.

So versuchte er zum Beispiel als Historiker zu beweisen, daß die serbischen Angaben der Opfer, die während des Zweiten Weltkriegs im Konzentrationslager Jasenovac von der kroatischen Ustascha umgebracht worden waren, weit übertrieben sind – unter anderem in seinem Buch »Bespuća povijesne zbiljnosti« – »Die Ausweglosigkeit geschichtlicher Wirklichkeit«, das erstmals 1988 veröffentlicht wurde. Seine These wiederholte er auch später mehrmals, unter anderem gegenüber der Zagreber Wochenzeitung »Start« im Mai 1991 – zu einem Zeitpunkt, wo die Feindseligkeiten zwischen Serben und Kroaten einen gefährlichen Höhepunkt erreicht hatten und ein Krieg in Kroatien kurz bevorstand. Nicht 700000 Menschen seien im Konzentrationslager Jasenovac umgekommen, sondern lediglich 30000, erklärte der kroatische Präsident. Gleichzeitig beschuldigte er die Serben, ihre Tschetnik-Trupps hätten im Zweiten Weltkrieg ja noch größere Verbrechen an Kroaten und Moslems verübt – so, als ob Zahlenakrobatik, Schuldzuweisung und das Aufrechnen von Toten den Konflikt zwischen Serben und Kroaten klären könnten. Eine solche Äußerung in der damals herrschenden Situation zeugt entweder von fehlendem politischem Gespür – oder, was eher wahrscheinlich ist, von kalkulierter Provokation der gegnerischen Seite. Jedenfalls trug sie dazu bei, die Situation weiter zu verschärfen, die dann schließlich zum offenen Krieg führte.

»Wir sind in einer Lage, wo die Armee, die unser Land angreift, unbedingt unsere demokratische Regierung stürzen will«, sagte Franjo Tudjman genau sieben Monate später, am Vorabend einer Reise nach Deutschland, wo er nochmals darauf drängen wollte, daß die Unabhängigkeit Kroatiens anerkannt werde. »Man will uns zwingen, unsere Selbständigkeit aufzugeben, und man will kroatische Gebiete erobern. In einer solchen Situation sind wir nicht imstande, selbst die Aggressoren aufzuhalten. Deshalb werden wir nicht nur Europa, sondern auch die Vereinten Nationen weiter um wirksame Hilfe bitten. Große Hoffnung setzen wir dabei in die deutsche Regierung«, meinte der kroatische Präsident. Schon bald nach Beginn des offenen Krieges, den die Jugoslawische Armee seit Sommer 1991 zusammen mit den Verbänden der Serben in Kroatien führte, war klar, daß die Politiker Jugoslawiens, die vorher so lautstark getönt hatten, allein nicht in der Lage sein würden, die Situation in den Griff zu bekommen. Serbien hatte ganz offensichtlich auch gar kein Interesse daran, sondern nutzte sämtliche Verhandlungen über Waffenstillstandsabkommen, um an allen Fronten weiterzukämpfen und sich immer mehr kroatisches Territorium einzuverleiben.

Franjo Tudjman kämpfte in dieser Zeit nicht nur gegen die Bedrohung durch Serbien und die Jugoslawische Armee, sondern auch gegen die Opposition im eigenen Land. Seine Popularität war laut Meinungsumfragen stark gesunken. Nur noch 26 % der Bevölkerung unterstützten seine Politik. Zum ersten Mal meldeten sich Kritiker zu Wort. Aber Kritik kann der kroatische Präsident schlecht ertragen. Es waren die Ultrarechten, die ihn stürzen wollten, weil er der Jugoslawischen Armee gegenüber zu zögerlich sei und nicht die Generalmobilmachung anordne. Anlaß war der Fall der Stadt Vukovar am 18. November 1991, die Tudjman selbst zum »kroatischen Stalingrad« hochstilisiert hatte. Vor allem die rechtsradikale »Kroatische Partei des Rechts« forderte seinen Rücktritt. Aber auch Mitglieder seiner eigenen Partei, der »Kroatischen Demokratischen Gemeinschaft« (»Hrvatska Demokratska Zajednica«, HDZ), beschuldigten ihn, die Republik unvorbereitet in den Krieg geführt zu haben. Sie warfen ihm vor, er habe Vukovar im Stich gelassen, den Männern, die die Stadt bis zuletzt verteidigt hatten, weder Nachschub noch Verstärkung geschickt. Auch der Kommandant der kroatischen Nationalgarde in Vukovar, Mile Dedaković, schloß sich diesem Vorwurf an. Er und seine Soldaten hatten den Angriffen der Jugoslawischen Armee trotz hoher Verluste drei Monate lang standgehalten. Nun wurden sie in ganz Kroatien als Helden gefeiert.

Franjo Tudjman sah sich von Verrätern umringt. Die Kritik an seiner Person erklärte er schlichtweg zum Angriff auf die demokratische Ordnung der Republik Kroatien. Und dann ging er in einer Art und Weise gegen seine Kritiker vor, die den wirklich demokratisch Gesinnten in Kroatien zu denken gaben: Er ließ den Vorsitzenden der »Kroatischen Partei des Rechts«, Dobroslav Paraga, und den Kommandanten der Nationalgarde, der ihn wegen fehlender Unterstützung kritisiert hatte, unter dem Vorwurf der Verschwörung und des bewaffneten Aufstands zum Sturz der verfassungsmäßigen Ordnung verhaften. Die Verhaftungen soll er persönlich angeordnet haben, noch nicht einmal der Justizminister soll informiert worden sein. Die Kommission, die die angebliche Verschwörung untersuchen sollte, setzte nicht etwa das kroatische Parlament, sondern Tudjman persönlich ein, was einen eindeutigen Verstoß gegen die kroatische Verfassung darstellte. Der Kommission gehörten auch der kroatische Innenminister und der Verteidigungsminister an – ausgerechnet die Personen, deren Amtsführung von der Kommission hätte untersucht werden müssen. Leiter der Kommission war Josip Manolić, der noch zu den Zeiten des Kommunismus Chef der kroatischen Gefängnisse gewesen war, in denen Franjo Tudjman als Dissident gesessen hatte.

Die Anklage gegen die beiden angeblichen Verschwörer wurde schließlich fallengelassen, die Anschuldigungen ließen sich durch nichts halten. Paraga und Dedaković wurden aus der Haft entlassen – zu einem Zeitpunkt, wo der kroatische Präsident durch die in Aussicht gestellte Anerkennung Kroatiens durch die Europäische Gemeinschaft jedoch schon wieder seine Position gefestigt hatte.

Geblieben ist nach wie vor die Kritik am autoritären Führungsstil von Franjo Tudjman. Noch kann er ihn sich leisten. In der kroatischen Hauptstadt kursiert das Spottwort, die Kroaten hätten in freien Wahlen das Einparteiensystem abgelöst – durch ein Einparteiensystem. In der nächsten Zeit wird sich an diesem Einparteiensystem nichts ändern. Denn Präsident Tudjman ist zwar mit vorgezogenen Neuwahlen einverstanden – aber erst, wenn der Krieg vorbei ist. Solange das Land noch mit Krieg konfrontiert ist, haben sowieso die Nationalisten und die rechten und rechtsradikale Kräfte in Kroatien das Sagen, auch in der Opposition. Eine Friedensbewegung etwa hat dort keine Chance.

Der serbische Präsident Slobodan Milošević erlebte sein Popularitätstief einen Monat nach seinem kroatischen Gegenspieler. Im Januar 1992 zeigten Umfragen, daß nur noch 30 % der Wähler hinter ihm standen. In der Silvesternacht hatten auf einem Friedensmarsch der größten Oppositionspartei, der »Serbischen Erneuerungsbewegung« (»Srbski Pokret Obnove«, SPO) des Schriftstellers Vuk Drašković, Tausende ein Ende des Krieges in Kroatien gefordert. Gleichzeitig revoltierte Milan Babić, der Serbenpräsident der Krajina, gegen Milošević. Er widersetzte sich der Stationierung von UNO-Friedenstruppen, obwohl Slobodan Milošević dem Friedensplan der Vereinten Nationen zugestimmt hatte. Für kurze Zeit schien es, als seien die Konflikte innerhalb des serbischen Lagers so groß, daß der Serbenführer Milošević, bis dahin in seiner Macht uneingeschränkt, darüber stürzen könnte. Bezeichnenderweise fand diese innerserbische Krise während einer vorübergehenden Waffenruhe statt. Ein Zeichen dafür, daß die serbische Führung anscheinend wirklich den Frieden und Kampfpausen fürchten muß.

Für den 9. März 1992, den Jahrestag einer Demonstration in Belgrad, bei der zwei Demonstranten ums Leben gekommen waren, wurde Miloševićs Sturz prophezeit. Damals waren Polizei und Jugoslawische Armee mit Panzern, Wasserwerfern und Spezialeinheiten brutal gegen Studenten vorgegangen, die den Rücktritt des serbischen Präsidenten und eine objektive Berichterstattung ohne staatliche Propaganda im Fernsehen Belgrad gefordert hatten. Ein Jahr später blieb der erwartete Umsturz jedoch aus. Auf dem Platz vor der Belgrader Basilika des Heiligen Sava versammelten sich bei weitem nicht die 200 000 Demonstranten, die die Opposition angekündigt hatte. Nur etwa die Hälfte war gekommen, eine wildgemischte Menge von Monarchisten, serbischen Kämpfern in Tarnanzügen, Vertretern der serbisch-orthodoxen Kirche, aber auch Studenten und anderen ganz gewöhnlichen Belgrader Bürgern, die alle zusammen den Sturz von Slobodan Milošević forderten. Viele waren nicht erschienen, weil sie einen ähnlich brutalen Panzereinsatz wie im Jahr zuvor befürchtet hatten. Daß die zusammengewürfelte Masse, die sich da versammelt hatte, keine ernstzunehmende Opposition sein konnte, war offensichtlich. Die Redner der Parteien, die den Rücktritt des serbischen Präsidenten forderten, hatten genauso wie die regierende sozialistische Partei außer nationalistischen Floskeln nichts Konkretes zu bieten, noch nicht einmal ein akzeptables Wirtschaftsprogramm. Die Regierung von Slobodan Milošević überlebte diesen 9. März 1992. Die »serbische Revolution«, von der sich viele einen Regierungswechsel und ein Ende des Krieges in Kroatien erhofft hatten, blieb aus.

Der Krieg ging weiter – und mit ihm die Kriegshetze in den Medien. Wenn man im ehemaligen Jugoslawien mit dem Auto unterwegs ist, braucht man mittlerweile gar nicht mehr auf die Landkarte zu schauen, um zu wissen, wo man sich befindet. Man schaltet einfach das Radio ein. Ist dort die Rede vom »Befreiungskrieg des serbischen Volkes«, das heldenhaft gegen die »kroatische Ustascha« kämpft, hört man von der »faschistischen« Regierung Tudjmans, die »Genozid am serbischen Volk« begeht – dann kann man davon ausgehen, daß man durch serbisch kontrolliertes Gebiet fährt. Wird hingegen vom »Eroberungskrieg der Okkupationsarmee«, von »serbischen Terroristen« und »Tschetniks« gesprochen, so befindet man sich auf Territorium, das die Kroaten halten. In einigen Fällen kann man jedoch auch beide Sender empfangen – in der Regel in umkämpften Regionen, wo die Jugoslawische Armee noch nicht dazu gekommen ist, die kroatischen Sendestationen zu kappen. Gewinnen die Kroaten die Kontrolle über ein Gebiet zurück, so gehört umgekehrt neben der Wasser- und Stromversorgung die Instandsetzung der Sendeanlagen des kroatischen Radios und Fernsehens HTV (»Hrvatska Televizija«) zu den vordringlichen Aufgaben.

Die Zeiten, da die allabendlichen Fernsehnachrichten im Wechsel aus Zagreb und Belgrad gesendet wurden, sind lange vorbei. Gleich nach seinem Amtsantritt ließ Präsident Franjo Tudjman eine eigene kroatische Fernsehanstalt einrichten, die schon bald zu seinem persönlichen Staatsfernsehen wurde. Seit August 1991 läuft dort ganztägig ein Programm mit dem Namen »Krieg für die Freiheit«. Es soll die Bevölkerung umfassend über das Kriegsgeschehen informieren. In Wirklichkeit besteht das Programm jedoch aus Nachrichten mit Frontberichten über »Provokationen« der Gegenseite und der heldenhaften Verteidigung des Landes durch die kroatische Nationalgarde. Wichtige Nachrichten aus Belgrad, wie zum Beispiel der Rücktritt des jugoslawischen Verteidigungsministers Kadijević im Januar 1992, geschweige denn kritische Berichte über das Kommando der kroatischen Streitkräfte oder die politische Führung des Landes kommen an letzter Stelle oder tauchen erst gar nicht auf. Als der kroatische Präsident in einer Nachrichtensendung für seine Nachgiebigkeit auf der EG-Friedenskonferenz in Den Haag kritisiert wurde, wechselte er gleich die ganze Redaktion aus. Einem neuen Pressegesetz zufolge, das der kroatische Präsident per Dekret im Oktober 1991 erlassen hat, werden die Nachrichten von einer eigens dafür eingerichteten Kommission überprüft und zensiert, damit keine »militärischen Geheimnisse« an die Öffentlichkeit geraten, so die offizielle Erklärung.

Berichte ausländischer Korrespondenten über den Krieg in Kroatien, die das Fernsehen ab und zu ausstrahlt, werden auch schon mal »korrigiert«, indem Passagen, in denen die kroatische Regierung kritisiert wird, einfach herausgeschnitten werden. Zwischen den solchermaßen gefärbten Nachrichten werden zahlreiche Kriegsfilme gezeigt sowie Videoclips, in denen kroatische

Künstler immer wieder den tapferen Kampf der Republik gegen die Aggressoren besingen.

Aber auch das Belgrader Fernsehen ist ein Sender im Dienste der Kriegspropaganda. Noch vor den ersten freien Wahlen in Serbien im Dezember 1990 brachte Slobodan Milošević es fertig, daß in den Nachrichten keinerlei Kritik an ihm oder der serbischen Regierung geäußert wird. Der serbische Intellektuelle Bogdan Bogdanović, ein Kritiker der serbischen Regierung, spricht sogar von »Medienfaschismus«. In den Redaktionen sitzen an den entscheidenden Stellen Miloševićs Leute. Mit einem neuen Rundfunkgesetz ließ er im Juli 1991 Radio und Fernsehen Belgrad, ohnehin schon staatlich organisiert, der völligen Kontrolle der serbischen Regierung unterstellen. In sämtlichen Programmen wird den Zuschauern mit gezielter Desinformation vorgegaukelt, daß die Jugoslawische Armee in Kroatien lediglich die heldenhaft kämpfende serbische Dorfbevölkerung vor den Angriffen der faschistischen kroatischen Regierung schützt. Über Monate betreibt das Fernsehen nun schon die Gehirnwäsche. Weil viele Gebiete Kroatiens mittlerweile wegen der anhaltenden Kämpfe unzugänglich sind und die Menschen die Lage nur aus der Ferne beurteilen können, wird die verdrehte Fernsehwelt allmählich zur Wirklichkeit. Die Propaganda wirkt, die Menschen nehmen die Feindbilder an und beginnen die zu hassen, die noch vor kurzem Freunde, Nachbarn, Kollegen oder Verwandte waren. Die wenigen Privatsender, die es in Serbien gibt, erreichen nicht genug Haushalte, um mit dem Programm von TV Belgrad zu konkurrieren. Es fehlt ihnen das Geld für eine ausführliche Berichterstattung, aber auch für leistungsstarke Sendeanlagen. Der Versuch des ehemaligen jugoslawischen Ministerpräsidenten Ante Marković, mit der Fernsehstation YUTEL ein alternatives Fernsehprogramm zu schaffen, scheiterte ebenfalls. In Slowenien und Kroatien wird YUTEL schon lange nicht mehr ausgestrahlt, in Serbien nur noch spät nachts und nicht länger als eine Stunde.

Auch die Zeitungen werden in den Dienst der Hof- und Kriegsberichterstattung gestellt. Ausnahmen gibt es nur wenige, in Serbien das unabhängige Wochenmagazin »Vreme« und die Tageszeitung »Borba« etwa, die mittlerweile privat finanziert und somit von staatlichen Mitteln unabhängig ist; in Kroatien das Magazin »Danas« und die Tageszeitung »Slobodna Dalmacija«. Demgegenüber schießen Kriegs- und Militärzeitungen wie Pilze aus dem Boden, so zum Beispiel der »Hrvatski Bojovnik« (»Der kroatische Kämpfer«). Dort werden unter dem Motto »Der Kroatische Kämpfer geht bis zum Sieg« Nachrichten von den Erfolgen an der Front oder die Namen besonders tapferer Kämpfer abgedruckt. Die serbische »Ratne Novine« (»Kriegszeitung«) feiert umgekehrt die Siege der Serben über die kroatische Nationalgarde. Die Kriegshetze ist auf beiden Seiten voll in Gang.

Slobodan Milošević und Franjo Tudjman sind angetreten, um ihr Land in eine bessere Zukunft zu führen. Aber sie brachten nichts anderes zustande, als die Fehler der Vergangenheit zu wiederholen.

8. Jagd auf Journalisten

Bevor wir in das Dorf Turanj fahren, erkundigen wir uns beim Krisenstab und bei der Kommandantur der Nationalgarde in Karlovac, wie dort die Lage ist. Es ist der 7. Januar 1992. Die Serben feiern nach dem orthodoxen Kirchenkalender ihr Weihnachtsfest. Vor vier Tagen ist unter Vermittlung der Vereinten Nationen ein Waffenstillstand zustande gekommen, aber niemand weiß, ob er halten wird. Alle Abkommen, die zuvor geschlossen wurden, waren noch nicht einmal das Papier wert, auf das sie geschrieben waren; niemand befolgte sie. Also fragen wir nach – vorsichtshalber. Das machen wir immer so, bevor wir in ein Kampfgebiet fahren, wobei alle Auskünfte, die wir von der kroatischen Nationalgarde oder auch der Jugoslawischen Armee bekommen, nur für den Augenblick gelten. Oft genug schon waren sie Minuten später überholt, weil Gefechte ausbrachen, Fronten wechselten, Angriffe erfolgten.

An diesem Tag sei es in Turanj soweit ruhig geblieben, sagt uns der Presseoffizier in Karlovac. Seine Theorie: Die Serben hätten an ihrem Weihnachtsfest eine Kampfpause eingelegt. Wir wollen nach Turanj fahren, um zu überprüfen, ob der Waffenstillstand wirklich eingehalten wird und um zu zeigen, wie es in dem Dorf aussieht, wo noch vor kurzem heftige Kämpfe zwischen der Jugoslawischen Armee, serbischen Verbänden und der kroatischen Nationalgarde stattfanden und ein kroatischer Kameramann durch eine Granate ums Leben kam. Der Presseoffizier begleitet uns. Seit Oktober 1991, seit der kroatische Präsident Franjo Tudjman ein neues Pressegesetz erlassen hatte, müssen wir in Kroatien sämtliche Dreharbeiten in den umkämpften Gebieten von der Nationalgarde genehmigen lassen – so wie auf der serbischen Seite, wo wir ohne eine Dreherlaubnis der Armee und Armeebegleitung keinen Zutritt zu den Dörfern und Städten bekommen, die an der Front oder auch nur in der Nähe der Front liegen. Auf eigene Faust loszufahren wäre lebensgefährlich. Die Armee erteilt solche Drehgenehmigungen nicht gerade besonders gern, oft dauert es Tage, bis wir durchgelassen werden, und dann ist das, was wir filmen wollten, oftmals nicht mehr aktuell. Aber immerhin haben wir bis jetzt meistens eine Dreherlaubnis bekommen – wenn auch mit entsprechend großem Aufwand, mehrmaligem Nachfragen und einiger Verspätung. Die Kroaten sind da schon zuvorkommender. Das, was uns auf serbischer Seite oft Nachteile bringt, gerät hier zum Vorteil: Deutsche gelten von vornherein als Verbündete der Kroaten.

»Wir haben das Gebiet völlig unter Kontrolle«, meint der kroatische Presseoffizier, als wir an die Stadtgrenze von Karlovac kommen. Die Stadt, nur 55 km von Zagreb entfernt, beanspruchen die Tschetniks für ihr geplantes Großserbien. Sie sind bereits bis an den südlichen Stadtrand vorgerückt. Vor wenigen Tagen noch wären wir hier beinahe in ein MG-Gefecht geraten. Wir konnten noch rechtzeitig umdrehen. Und jetzt plötzlich soll die kroatische Nationalgarde alles unter Kontrolle haben? Der Offizier scheint an maßloser Selbstüberschätzung zu leiden, wie sich schon an der nächsten Straßenbiegung herausstellt. »Fahren Sie hier doch bitte mal etwas schneller«, sagt er zu dem Kamera-Assistenten. »Rechts und links gibt es noch ein paar Heckenschützen.« Wir fahren mit Vollgas weiter über einen völlig ungeschützten Streckenabschnitt, ohne Häuser, Bäume oder auch nur irgend etwas, was uns decken könnte. Am Ortseingang von Turanj können wir gerade noch abbremsen, damit wir nicht auf die Panzerminen fahren, die die kroatische Nationalgarde zum Schutz gegen die serbischen Angreifer in mehreren Reihen mitten auf die Straße gelegt hat. Im Zickzack fahren wir durch die Minen hindurch, immer noch auf offener Straße und die Heckenschützen im Genick. Endlich erreichen wir die ersten Häuser des völlig zerstörten Dorfes Turanj. Ich atme – wieder einmal – erleichtert auf. Der Presseoffizier lacht. Er ist Soldat und lebt mit dem täglichen Risiko. »Alles unter Kontrolle haben« bedeutet für ihn etwas völlig anderes als für uns. »Solche Geschichten sind Kleinigkeiten, die gehören dazu«, meint er. »Und außerdem gibt es doch nichts Schöneres, als für die Heimat zu sterben.« Daß wir nicht die geringste Lust haben, für Kroatien zu sterben, schon gar nicht durch die Kugeln serbischer Heckenschützen, das kann er nur schwer verstehen.

Egon Scotland war der erste Journalist, der im Krieg in Kroatien ums Leben kam. Ihn haben Heckenschützen umgebracht. Er wurde mit einer offensichtlich gezielt abgegebenen »Kugel mit Höchstgeschwindigkeit« in den Unterleib geschossen, wie es im Obduktionsbericht hieß. Die Kugel traf die Aorta. Egon Scotland starb kurz darauf im Krankenhaus. Er war innerlich verblutet.

Eigentlich war Egon Scotland auf dem Weg von Zagreb nach Belgrad gewesen. Dort wollte er für die Süddeutsche Zeitung über den Krieg in Jugoslawien berichten. Dann, am 26. Juli 1991, traf die Meldung ein, daß eine deutsche Journalistin und ein Kamerateam aus Österreich in der Gegend von Glina, rund 70 km südlich von Zagreb, verschollen seien. Egon Scotland machte sich zusammen mit einem anderen deutschen Kollegen auf die Suche. Auf ihren Wagen hatten sie groß »Presse« geschrieben, als Schutz für den Fall, daß sie in ein Gefecht geraten sollten. Doch gerade das machte sie zur Zielscheibe für die serbischen Heckenschützen, wie sich später herausstellte. Egon Scotland sei ein besonnener und kompetenter Journalist gewesen, sagen seine Kollegen, kein Sensationsreporter, der sich ohne Überlegung in Gefahr begeben hat. Daß der Ort Glina als Kampfgebiet galt, daß man dort vorsichtig sein mußte, wußte er, als er losfuhr. Daß die serbischen Tschetniks gezielt auf Pressewagen schießen, konnte er nicht ahnen.

Am Stadtrand von Glina, im Vorort Junkinac, entdecken die beiden deutschen Journalisten das verlassene Auto der Vermißten. Als sie sich dem Fahrzeug nähern, hören sie Gewehrfeuer, wie der Kollege, der ihn begleitete, später erzählte. »Egon, geh in Deckung, die schießen auf uns«, ruft er. Man habe noch auf das Auto geschossen, als er mit Vollgas davongerast sei. Egon Scotland auf dem Beifahrersitz neben ihm ist schwer verletzt. Als sie das Krankenhaus von Sisak, der nächsten größeren Stadt, endlich erreichen, kommt für ihn jede Hilfe zu spät.

Daß seine »Truppen« keine ausländischen Beobachter dulden, hat der Anführer der serbischen Tschetniks, Vojislav Šešelj, ganz offen erklärt. Und in Belgrad konnte man inoffiziell hören, daß die Kämpfer der irregulären serbischen Verbände Vertreter der ausländischen Presse als besonders wertvolle Ziele betrachten. Die

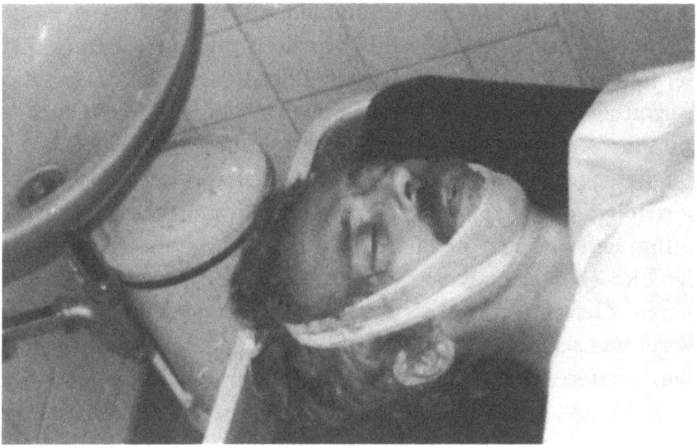

Egon Scotland – deutscher Journalist, hinterrücks erschossen

Drohungen kroatischen Journalisten gegenüber sind noch drastischer. Einer der Tschetnikkommandeure kündigte sogar an, sollte ihm ein Reporter des kroatischen Fernsehens begegnen, werde er ihn pfählen lassen. Mit aller Gewalt wollen die serbischen Extremisten, die in Kroatien kämpfen, die freie Berichterstattung dort verhindern. Reporter, Kamerateams und Fotografen, die ihre Sichtweise nicht teilen, sind für sie die größten Feinde. Die Zeiten, wo die Aufschrift »Presse« Schutz gewährte, sind schon lange vorbei. Bei Fahrten durch serbisch kontrolliertes Gebiet ist es im Gegenteil ratsam, einen Wagen ohne Aufschrift, wenn möglich auch noch mit serbischem und nicht mit deutschem Kennzeichen zu benutzen. Daß wir als Fernsehteam im Kriegsgebiet den größten Gefahren ausgesetzt sind, ist schon schlimm genug. Daß wir darüber hinaus ständig damit rechnen müssen, gezielt angegriffen zu werden, zeigt die besondere Brutalität des Krieges, der keine Rücksichten und Regeln mehr kennt.

Einen Monat vor dem Tod von Egon Scotland waren schon zwei Presseleute im Krieg in Slowenien ums Leben gekommen: Der österreichische Fotoreporter Nick Vogel, Sohn der Wiener Schauspielerin Gertraud Jesserer, und sein Fahrer. Am Nachmittag des

28. Juni 1991 verfolgten sie zusammen mit anderen Reportern die Kämpfe zwischen der slowenischen Territorialverteidigung und der Jugoslawischen Armee auf dem Flughafen von Ljubljana. Am Vormittag hatte die Armee den Flughafen bombardiert, Flugzeuge und Autos, die dort standen, schwer beschädigt. Dann hatte sie das Flughafengebäude eingenommen, das die slowenische Territorialverteidigung bis dahin unter ihrer Kontrolle gehalten hatte. Daraufhin lieferten sich die Einheiten der Jugoslawischen Armee mit den Slowenen, die auf das Gebiet um den Flughafen ausgewichen waren, Gefechte mit Maschinengewehren und Granaten. Nick Vogel und sein Fahrer, die sich auf dem Flughafengelände befanden, setzten sich in ihren Wagen und fuhren hinaus auf das Rollfeld, um Aufnahmen zu machen. Als echter Kriegsreporter, der er nach den Erzählungen von Freunden und Bekannten sein wollte, glaubte Vogel, er müsse ein solches Risiko eingehen. Kollegen, die dabei waren, bezeichneten das, was der Fotograf da vorhatte, später als »ein Wahnsinnsmanöver«. Ein echter Profi wäre in einer solchen Situation nie auf das offene Rollfeld gefahren, meinten sie, und überdies sei dort gar nichts zu fotografieren gewesen. Zudem sah der Wagen von Nick Vogel, ein Geländejeep mit aufmontierten Sandblechen und vollgefüllten Benzinkanistern an den Seiten, eher wie ein Militärwagen aus, bestimmt jedoch nicht wie ein Pressefahrzeug. Zweimal sollen die beiden Österreicher über die Rollbahn gefahren sein, ohne daß etwas passierte. Dann feuerte ein Armeepanzer eine Granate ab. Sie schlug kurz vor dem Jeep ein, der sofort in Flammen aufging. Nick Vogel und sein Fahrer verbrannten in ihrem Wagen. Ihre verkohlten Leichen konnten zwei Tage nicht geborgen werden. Die Armee schoß auch weiter auf alles, was sich auf dem Rollfeld bewegte.

Während des Krieges in Slowenien war es schon schwierig genug, Gefahrensituationen richtig einzuschätzen. In Kroatien wurde es noch schwieriger. Der Internationale Journalistenverband erklärte Jugoslawien zum »gefährlichsten Berichterstattungsgebiet für Journalisten im Jahre 1991«. In den ersten sechs Monaten des Krieges sind allein 17 Journalisten ums Leben gekommen, vier Kollegen sind schon lange vermißt und gelten als

Der Wagen des Fotoreporters Nick Vogel, von der Jugoslawischen Armee in Brand geschossen

tot, 28 wurden verwundet, und in unzähligen Fällen wurden Presseleute und Fernsehteams bedroht, beschimpft oder tätlich angegriffen.

Die Menschenrechtsorganisation Helsinki Watch hat die Namen der Reporter und Kameramänner gesammelt, für deren Tod entweder serbische Verbände oder die Jugoslawische Armee verantwortlich gemacht werden:

Am 4. August wurde Stjepan Penić, ein Reporter der Radiostation »Stimme Slawoniens«, in der Nähe der Stadt Dalj umgebracht, vermutlich von Tschetniks. Er wollte Informationen über das Massaker einholen, das serbische Verbände und Jugoslawische Armee dort Anfang August verübt hatten. Vor seinem Tod soll er gefoltert worden sein. Seine Leiche wurde erst am 19. August entdeckt.

Gordan Lederer, ein Kameramann des kroatischen Fernsehens, wurde am 9. August 1991 in Kostajnica bei Filmarbeiten im Kampfgebiet schwer verletzt. Scharfschützen sollen gezielt auf ihn geschossen haben. Die Jugoslawische Armee lehnte es ab, ihn mit einem ihrer Hubschrauber auf dem schnellsten Weg in ein Krankenhaus zu bringen. Gordan Lederer verblutete.

Žarko Kajić, ein anderer Kameramann des kroatischen Fernsehens, kam am 18. August 1991 in Osijek durch Schüsse aus einem Schützenpanzer der Jugoslawischen Armee ums Leben.

Einen Tag später wurde Duro Podboj, ein Mitarbeiter des kroatischen Fernsehens, in Beli Monastir getötet, als serbische Verbände die Stadt angriffen.

Am 15. September wurde Nikola Stojanac beim Filmen von Kampfflugzeugen der Jugoslawischen Armee erschossen.

Zwei ausländische Journalisten, Pierre Blanchet vom »Nouvel Observateur« und Damien Ruedin vom »Radio Suisse Romande« fuhren mit ihrem Wagen vor einer Kaserne der Jugoslawischen Armee in Petrinja auf eine Mine. Sie starben an ihren Verletzungen.

Zoran Amidžić, Bora Petrović, Dejan Milićević und Sreten Ilić vom Fernsehen Belgrad kamen am 9. Oktober auf der Straße zwischen Petrinja und Glina unter Umständen, die bis heute nicht geklärt sind, ums Leben.

Živko Krstičević, ein kroatischer Kameramann, den einige in unserem Team sehr gut kannten, wurde am 30. Dezember 1991 in Turanj bei Karlovac von einer Granate serbischer Verbände schwer verletzt und starb wenig später.

Viktor Nogin und Genadij Kurinoj, der Korrespondent und der Kameramann des sowjetischen Fernsehens, verschwanden spurlos, als sie von Belgrad über Osijek nach Zagreb fuhren. Ebenso vermißt werden Siniša Glavašević, der Korrespondent von Radio Vukovar, und der Kameramann Branimir Polina. Es wird vermutet, daß sie nach dem Fall von Vukovar am 19. November 1991 von serbischen Verbänden gefangengenommen wurden.

Die Liste der verletzten, getöteten und verschwundenen Journalisten ist erschreckend. Warum trotzdem nach Kroatien fahren, warum aus dem Kriegsgebiet berichten, warum das Leben riskieren?

Vor jedem Einsatz überlegen wir gemeinsam im Team, wo die Gefahren liegen, welches Risiko wir eingehen und ob wir es eingehen wollen. Weil Risiken aber nur bedingt kalkulierbar sind, werden wir trotz allem immer wieder von gefährlichen Situationen überrascht. Zum Beruf gehört es jedoch, möglichst authentisch zu berichten, Situationen und Ereignisse selbst mitzuerleben und einzuordnen. Gerade im ehemaligen Jugoslawien ist auf die Informationen der einheimischen Presse wenig Verlaß. Fernsehen, Radio und Presse sind immer parteiisch. Das zwingt dazu, soviel wie möglich selbst zu überprüfen – auch, wenn es gefährlich werden könnte.

Die Zuschauer in Deutschland, für die wir berichten, kannten Jugoslawien vor allem als Urlaubsland. Für die schwierige und komplizierte Geschichte des Landes haben sich nur wenige interessiert. Zudem werden wichtige Einzelheiten besonders über die Ereignisse des Zweiten Weltkrieges, die für die gegenwärtige Entwicklung besonders wichtig sind, auch in Jugoslawien erst jetzt bekannt. Kein Wunder also, daß für die meisten der Krieg in Slowenien, Kroatien und schließlich in Bosnien-Herzegowina völlig überraschend kam. Die Hintergründe dieses Krieges erklären, der uns als europäische Nachbarn direkt betrifft – auch das ist ein Grund, trotz aller Gefährdung aus dem ehemaligen Jugoslawien zu berichten.

Zum Beruf gehört es darüber hinaus, schwierige und unangenehme Situationen zu überwinden. Der Wunsch, zum Ziel zu kommen, nicht aufgeben zu wollen, verdrängt oft Widerwillen, Angst und Erschöpfung.

Manchmal stoßen wir allerdings auch an Grenzen. In Kroatien haben wir sie erlebt. Mehr noch im dritten Krisen- und Kriegsgebiet des ehemaligen Jugoslawien, in der Republik Bosnien-Herzegowina. Dort trennen die Fronten nicht nur Regionen. Sie teilen gleich mehrfach Städte, Dörfer, Straßen, ja sogar Häuser. Bei den Straßenkämpfen in Sarajevo hatten wir es an fast jeder Ecke mit neuen Blockaden und mit Terroristen wechselnder Nationalität zu tun, die völlig unberechenbar auf uns als Fernsehteam reagierten. Unter solchen Umständen grenzt journalistische Arbeit an einen Selbstmordversuch.

9. Präsident ohne Macht

Stipe Mesić ist ein Mann mit Humor. Wir befinden uns im Luftschutzbunker im »Banski Dvori«, einem Palais mitten in der Altstadt von Zagreb. Früher residierte hier der kroatische Ban, der Statthalter des ungarischen Königs. Zur Zeit unseres Besuchs Ende Oktober 1991 befinden sich in dem kleinen Palast aus dem 16. Jahrhundert die Arbeitsräume gleich zweier Präsidenten: des kroatischen Präsidenten Franjo Tudjman und des kroatischen Vertreters im jugoslawischen Staatspräsidium Stipe Mesić, der trotz des hartnäckigen Widerstandes der serbischen Seite schließlich doch zum Staatsoberhaupt Jugoslawiens gewählt wurde. Und dieser Mann, der Präsident Jugoslawiens, sitzt nun in seinem persönlichen Bunker und wartet. Es ist Fliegeralarm. Wie alle anderen wartet auch er, ob die Luftwaffe der Jugoslawischen Armee Bomben auf Zagreb abwirft oder ob sie die Stadt dieses Mal verschont. »Sehen Sie, hier bin ich nun. Ich als Staatsoberhaupt und Oberbefehlshaber der Armee muß mich im Keller vor eben der Armee in

Pressekonvoi in Armeebegleitung

Interview mit Staatspräsident Stipe Mesić im Luftschutzkeller

Sicherheit bringen, die ich eigentlich befehligen sollte.« Stipe Mesić schüttelt den Kopf und lacht. Er kann das, was sich da abspielt, nicht mehr ernst nehmen – auch wenn es gefährliche Folgen haben kann. Der jugoslawische Staatspräsident ist ein Präsident ohne Macht. Die Armee, die mit ihren Panzern, Bombern und Haubitzen im Land mittlerweile das Sagen hat, hört nicht auf ihn. Die serbischen Tschetniks, die überall Angst und Schrecken verbreiten, erst recht nicht. Stipe Mesić, der Kroate aus Zagreb, der die Unabhängigkeit seiner Republik will, ist für sie ein Verräter. Die Armee ignoriert seine Befehle, die Kämpfe einzustellen und aufzuhören mit den Angriffen auf kroatische Dörfer und Städte, sie hört nicht auf seine Friedensappelle. »Die Armee handelt autonom, ohne jede Kontrolle, ohne die Kontrolle des Parlaments und auch ohne meine Kontrolle, die ihres formellen Oberbefehlshabers«, sagt Stipe Mesić. Im jugoslawischen Staatspräsidium sind seit dem Auszug Sloweniens die Vertreter Serbiens und ihre Verbündeten in der Überzahl. Auch sie scheren sich keinen Deut um die Anweisungen des neuen Präsidenten und treffen eigenmächtig Entscheidungen, die teilweise recht kurios ausfallen. So hat man etwa dem neuen Staatsoberhaupt ab dem 1. Oktober das Gehalt gestrichen. Auch die Spesen für seine Dienstfahrten von Zagreb nach Belgrad werden nicht mehr bezahlt, genauso wie die Reisen zur Friedenskonferenz in Den Haag. Stipe Mesić soll so für sein »illoyales« und »serbenfeindliches« Verhalten als jugoslawischer Präsident bestraft werden. Aber Stipe Mesić kommt sowieso nur noch selten nach Belgrad. Die Autobahn Zagreb–Belgrad, auf der man früher innerhalb von vier Stunden die jugoslawische Hauptstadt erreichen konnte, ist seit Anfang September wegen schwerer Gefechte gesperrt. Und ein Flugzeug oder Hubschrauber könnte von den Kampfjets der Jugoslawischen Armee abgeschossen werden. Also bleibt nur noch der Landweg über Ungarn, eine Autofahrt von etwa 14 Stunden. Was ist das für ein Präsident, der nur über ausländisches Territorium zu seinem Amtssitz in der Hauptstadt gelangen kann?

Stipe Mesić wirkt keineswegs resigniert oder verbittert. Geduldig wartet er in einem Gartenstuhl mit Blumenpolster in seinem Bunker, der der Größe nach und mit der Wandverkleidung aus Fichtenholz einer Sauna gleicht. Auf längere Aufenthalte in diesem Raum war man, das sieht man sofort, im Präsidentenpalais nicht eingestellt.

Gleich nebenan, im nächsten Raum, sitzen die Arbeiter und Angestellten des Palais. Sekretärinnen, Sachbearbeiter, Referenten, Pförtner und Köchinnen kauern dicht gedrängt auf langen Bänken. Einige haben Decken mitgebracht. Es ist zwölf Uhr mittags und keiner weiß, wann wir hier wieder rauskommen. Besonders die Frauen sind besorgt und nervös. Die meisten haben Kinder. Wie geht es ihnen, sind sie in Sicherheit? Ganz Zagreb rechnet in diesen Tagen ständig mit Luftangriffen, schon dutzende Male haben die Sirenen geheult, mehrmals sind bereits Bomben gefallen. In Kindergärten und Schulen trainieren selbst die Kleinsten Zivilschutz. Sie haben gelernt, sich bei einem Bomben- oder Granatenangriff unter den Tischen in Sicherheit zu bringen oder sich flach auf den Boden zu werfen. Sie haben geübt, sich in Zweierreihen Hand in Hand auf dem schnellsten Weg im nächsten Luftschutzkeller in Sicherheit zu bringen. Trotzdem – die Eltern haben große Angst um sie. »Das ist das schlimmste«, sagt mir eine der Frauen mit Tränen in den Augen. »Ich muß arbeiten gehen. Dann gibt es Fliegeralarm. Und die Kinder sind nicht bei mir. Da werde ich fast wahnsinnig vor Angst.«

In Zagreb hat man Vorsichtsmaßnahmen getroffen, um die Bevölkerung im Falle weiterer Angriffe zu schützen. Sandsäcke überall in der Stadt, verrammelte Fenster, bis auf einen schmalen Schlitz zugeklebte Autoscheinwerfer und verdunkelte Scheiben in allen Gebäuden für den Fall eines nächtlichen Luftangriffs. Im Aufzug unseres Hotels hängt der handgeschriebene Hinweis: »Liebe Gäste, bitte halten Sie die Vorhänge abends und nachts geschlossen, sonst sind wir gezwungen, Ihnen den Strom abzustellen.«

Als wir an diesem Vormittag zum Interview mit dem Präsidenten fuhren, ging trotz allem das Leben in der Stadt seinen gewohnten Gang, wie es schien. An einen neuen Fliegeralarm dachten wir nicht, als wir uns bei den Sicherheitsbeamten am Eingang des Präsidentenpalais anmeldeten. Eher an den Angriff, den zwei Düsenjets der Jugoslawischen Volksarmee vor knapp drei Wochen auf das Palais geflogen hatten. Die Folgen sind überall sichtbar. Mit Bomben und Raketen griffen die Kampfflugzeuge der Jugoslawischen Armee das historische Gebäude an. Auch der Sankt-Markus-Dom, der direkt daneben liegt, und andere Häuser der Altstadt bekamen Treffer ab. Der Innenhof des Palais liegt noch immer in Schutt und Asche, der größte Teil der Fenster ist zerborsten, der prächtige Stuck an Decken und Wänden herausgesprungen, ganze Gebäudeteile zerstört. Handwerker haben mit der Restaurierung begonnen: eine Arbeit für Monate.

Der Angriff auf den Präsidentenpalast fand auch an einem scheinbar gewöhnlichen Werktag statt, gegen drei Uhr nachmittags. Bis dahin hatte es in Zagreb schon mehrmals Fliegeralarm gegeben, Vororte der kroatischen Hauptstadt hatte die Luftwaffe der Jugoslawischen Armee bereits bombardiert. Dieses Mal schlug sie im Stadtzentrum zu. In einem der Verhandlungszimmer des Präsidentensitzes konferierten gerade Franjo Tudjman und Stipe

Nach dem Fliegerangriff auf den kroatischen Präsidentenpalast

Mesić mit dem damaligen jugoslawischen Ministerpräsidenten Ante Marković über Möglichkeiten, eine weitere Eskalation des Krieges zu vermeiden. Kurz darauf wären sie dem Krieg beinahe selbst zum Opfer gefallen. Sie waren gerade am Ende ihres Gespräches angelangt, da hörten sie einen schrecklichen Schlag. Ein Loch wurde in die Decke des Zimmers gerissen, wo sie beieinandersaßen, erzählte Ante Marković später. Fenster und Türen flogen aus den Rahmen. Die beiden schweren Kronleuchter über dem Konferenztisch stürzten von der Decke. Doch Franjo Tudjman, Stipe Mesić und Ante Marković – alle drei Kroaten – blieben unverletzt. Sie seien das eigentliche Ziel dieses Angriffes gewesen, der mit erstaunlicher Präzision durchgeführt wurde, mutmaßte man später in Zagreb. Im Hof standen die zerbombten Staatskarossen. Ihre Panzerung hatte diesem Angriff nicht standhalten können. Die Leibwächter des kroatischen Präsidenten versuchten hektisch, die drei Politiker so schnell wie möglich aus dem Gebäude zu schaffen. Wenig später fuhren die Wagen, die sie in Sicherheit brachten, mit quietschenden Reifen davon. Ministerpräsident Ante Marković sprach später von einem »Mordversuch«. »Das war der verbrecherische Angriff einer Militäreinheit, die wahrscheinlich einen von uns oder auch alle drei liquidieren wollte«, meinte er. »Nur durch ein regelrechtes Wunder sind wir am Leben geblieben.« Er machte den damaligen Verteidigungsminister Veljko Kadijević für den Angriff verantwortlich. Der aber stritt ab, den Befehl zur Bombardierung erteilt zu haben, und er konterte mit einem Paradestück Belgrader Propaganda: Es sei nicht auszuschließen, daß die kroatische Führung diesen Angriff selbst inszeniert habe, um die Jugoslawische Armee und ihre Luftwaffe in ein schlechtes Licht zu rücken. Der Verteidigungsminister vergaß dabei aber völlig, daß die kroatische Nationalgarde kein einziges Kampfflugzeug besaß.

Eine kurze Sicherheitskontrolle und wir werden in den ersten Stock geführt, wo Stipe Mesić im rechten Flügel arbeitet und Gäste empfängt; im linken befinden sich die Räume des kroatischen Präsidenten Tudjman. Wir müssen nicht lange im Vorzimmer warten, bis uns Mesićs Sekretärin hereinbittet. Der Präsident Jugoslawiens erscheint bald darauf, bestellt Kaffee für alle, und während der Kameramann mit dem Assistenten die Scheinwerfer aufbaut und das Interview vorbereitet, frage ich Stipe Mesić schon einmal nach seiner Einschätzung. Jetzt fallen auch Bomben auf Zagreb, die Stadt Vukovar ist seit mehr als zwei Monaten ununterbrochen den Angriffen von serbischen Verbänden und Jugoslawischer Armee ausgesetzt, Dubrovnik von der Außenwelt abgeschnitten – wie soll es weitergehen? Gerade will er antworten, da heulen die Sirenen: Fliegeralarm!

»Sie kommen mit mir in meinen Schutzraum«, sagt der Präsident. »Gehen Sie schon vor, ich muß nur noch einmal telefonieren«, und schon begleiten ihn Sicherheitsbeamte hinaus. Uns zeigt man den Weg in den Keller, und dort, im Bunker unter dem Palais, warten wir auf den Präsidenten, um dann unser Interview im Luftschutzkeller fortzusetzen.

»Wie ist jetzt die Situation in Zagreb, was haben Sie am Telefon erfahren? Sind Flieger über der Stadt?« fragte ich Stipe Mesić.

»Ich habe aus dem Krisenstab die Information erhalten, daß

einige nicht angemeldete Flugzeuge in der Nähe der Stadt sind«, antwortet er. »Dort hat man sofort reagiert und Alarm gegeben.«

»Hätten Sie denn heute morgen gedacht, daß Sie jetzt hier sitzen würden?« »Das ist jeden Tag möglich, denn mit all dem, was die Vertreter Serbiens und der Armee auf der Friedenskonferenz in Den Haag unterschrieben haben, wollten sie uns nur austricksen. Sie haben nicht eine Sekunde daran gedacht, das, was sie unterschrieben haben, auch einzuhalten. Das ist der Fehler Europas: Es begreift nicht, daß es sich dabei um eine byzantinische, eine osteuropäisch geprägte Logik handelt, die immer versucht, den Verhandlungspartner übers Ohr zu hauen. Das ist bei Geschäften so, und, wie Sie sehen, auch in der Politik. Die Europäer treten ihnen gegenüber europäisch auf, und das ist der Fehler.«

»Sie sind formell der Oberbefehlshaber der Armee, aber die Armee macht, was sie will. Auf wessen Befehl hört sie denn überhaupt?« »Slobodan Milošević, der Chef Serbiens, ist auch der Chef der Jugoslawischen Armee. Sie ist nicht mehr jugoslawisch, sondern rein serbisch geworden. Und letztlich ist auch das Attentat auf mich, Tudjman und Ante Marković – in diesem Gebäude vor ein paar Tagen – in den Köpfen von Slobodan Milošević und Veljko Kadijević ausgedacht worden.«

»Glauben Sie, die Armee würde noch einmal versuchen, den Präsidentenpalast anzugreifen?« »Das ist möglich, denn die Armee hat ja noch keines ihrer Ziele verwirklicht. Ihr Ziel ist die Eroberung eines Teils Kroatiens und sein Anschluß an Serbien. Solange sie das nicht erreichen, werden sie Kroatien und sogar Zagreb aggressiv angreifen. Sehen Sie, auch Dubrovnik wird angegriffen. Vor dem Gespräch mit ihnen habe ich mit dem Bürgermeister von Dubrovnik gesprochen, und er sagte, daß heute 1200 Raketen und Granaten auf Dubrovnik abgefeuert worden sind. Das heißt, daß die Armee bei der Errichtung Großserbiens skrupellos vorgeht. Deshalb ist alles noch möglich. In Dubrovnik ist die Gefahr sehr groß, denn die Stadt ist von der serbischen und montenegrinischen Armee umzingelt, die alles, was vor ihr liegt, zerstört und alles plündert, was man nur plündern kann. Das ist eine absurde Situation: Wenn sie Dubrovnik einnehmen wollen, warum zerstören sie es dann? Das ist die Logik von Vandalen: Man muß alles zerstören. Sie zerstören vor allem das, was sie an Kroatien erinnert. Denn in ihrer kranken Phantasie glauben sie, daß sie Teile Kroatiens an Serbien anschließen werden, und wenn sie die Kirchen niederreißen – Hunderte von Kirchen sind zerstört –, historische Denkmäler, Städte und Dörfer zerstören, können sie auf einer bereinigten Fläche Großserbien errichten. Das kann sich nur ein krankes Hirn wie das von Slobodan Milošević ausdenken. Leider wird das die schwersten Folgen für das serbische Volk haben, weil es jetzt in der gesamten Welt isoliert ist, es ist praktisch gegen die ganze Welt. Und in diese Position haben es Slobodan Milošević und sein Bolschewismus gebracht, der nur pro forma ein Bolschewismus ist. In Wahrheit handelt es sich dabei um einen militanten Populismus, der bislang in Europa unbekannt war. Vielleicht gibt es ihn auch in anderen Breitengraden, aber in Europa gab es ihn nicht.«

»Die Jugoslawische Armee wirft der kroatischen Seite vor, den Waffenstillstand gebrochen zu haben. Ist dieser Vorwurf berechtigt?« »Ich glaube, daß sogar der letzte Naivling, der die Armee und die Armeevorschriften wenigstens ein bißchen kennt, weiß, daß die Armee Vukovar umzingelt hat und die Armee Vukovar angreift. Sie kann nicht von demjenigen provoziert werden, der umzingelt ist. Die Armee hat auch Dubrovnik umzingelt und greift es an. Die Dinge, die die Armee behauptet, sind Täuschungen, und sie hat damit einen unwahrscheinlichen Erfolg gehabt. Die Armee ist der Aggressor auf der Seite Serbiens und führt diesen aggressiven, schmutzigen Krieg bis zum Ende.«

»Heute tagt in Belgrad der sogenannte serbische Block, die Vertreter Serbiens im jugoslawischen Staatspräsidium und ihre Verbündeten. Man will über die Zukunft Jugoslawiens beraten. Was erwarten Sie von diesen Beratungen?« »Wir können neue Unterstellungen und neue Unehrlichkeiten erwarten, aber das ist ein illegitimes und illegales Organ, es verpflichtet niemanden und seine Beschlüsse stellen nichts dar. Für Kroatien bedeuten die Beschlüsse dieses Präsidiums ungefähr genausoviel wie die Beschlüsse des Parlaments von Nepal.«

»Der jugoslawische Verteidigungsminister Kadijević hat jetzt trotz Waffenstillstands die Mobilisierung für die Jugoslawische Armee angeordnet ...« »Für mich ist das nicht überraschend. Ich wußte schon in Den Haag, daß Milošević das tun würde. Das hat nicht (der jugoslawische Verteidigungsminister) Kadijević gemacht, Milošević trifft die Entscheidungen. Kadijević führt sie nur aus. Ich habe allen auf der Konferenz in Den Haag Anwesenden gesagt, daß die Entscheidungen des serbischen Blocks nichts wert sind. Sie sind nach Den Haag gekommen, um die Welt und Europa zu täuschen, und das haben sie auch gemacht. Deshalb bedeutet die Mobilisierung eigentlich nur, daß Serbien, daß Milošević die Schaffung eines Großserbiens nicht aufgegeben hat.«

»Die Jugoslawische Armee sagt ja noch immer, sie wolle aus Kroatien abziehen. Nehmen Sie ihr das ab?« »Nein, kein einziges Wort. Sie wollen die Territorien halten und sie Großserbien anschließen. Da daraus aber nichts werden wird, wird es Milošević den Kopf kosten, und auch die Köpfe der anderen werden rollen.«

»Aber die Armee ist zum Beispiel aus Zagreb nach Bosnien-Herzegowina abgezogen, da hat sie ihr Versprechen ja wohl eingelöst.« »Sie hat ihre Einheiten nur umgruppiert, um von Bosnien-Herzegowina aus weiter anzugreifen, und das macht sie mit Leib und Seele. Das heißt, die Armee hat nichts von dem getan, was vereinbart worden ist.«

»Wenn die Armee von Kroatien spricht, welches Kroatien meint sie Ihrer Meinung nach?« »Die Armee sagt nur das, was das offizielle Serbien wünscht. Sie handelt nur in strategisch-operativer Hinsicht autonom, aber politisch führt sie nur die Anordnungen von Slobodan Milošević aus. Mit Kroatien ist nur das kroatische Territorium gemeint, auf das Serbien keine Ansprüche erhebt. Deshalb muß die Welt vorsichtig sein, wenn sie mit der Armee und Slobodan Milošević spricht. Bei jedem Gespräch wollen sie den Gesprächspartner täuschen, und das kennt die europäische Zivilisation nicht, deshalb hat sie es sehr schwer. Wir haben schon lange mit ihnen zu tun, und wir wissen, wie man mit ihnen reden muß. Man kann sie nur mit Taten dazu bringen, Argumente und Realitäten anzuerkennen. Appelle bewirken bei Milošević nichts. Er hält sich nur durch den Krieg und wird so lange darauf beharren, bis er sich den Hals bricht.«

Daß Stipe Mesić der letzte Präsident Jugoslawiens sein würde, hatte er selbst prophezeit. Er halte sich an die jugoslawischen Gesetze, sagte er am 1. Juli 1991, dem Tag seines Amtsantritts. Nur deshalb sei er Präsident eines Landes geworden, das er in der bestehenden politischen Struktur eigentlich nicht akzeptieren könne. Nach sechswöchigen Verhandlungen im jugoslawischen Staatspräsidium mit den Vertretern Serbiens und deren Verbündeten war seine Wahl unter dem Druck der Europäischen Gemeinschaft endlich zustande gekommen. Anfangs hatte Stipe Mesić noch die Hoffnung, er könne als jugoslawischer Staatspräsident helfen, das Land auf friedlichem Wege umzugestalten. »Es wird keinen Bürgerkrieg geben, noch ist nichts verloren«, meinte er im Mai 1991. Doch es sollte sich schon bald herausstellen, daß seine Wahl eine Farce gewesen war. Alle Hoffnungen, daß Anarchie und Chaos in Jugoslawien nun ein Ende haben würden, wurden enttäuscht. Im Gegenteil: die serbischen Extremisten schworen Rache. Sie würden niemals vergessen, wie demütigend es war, als drei EG-Minister auf einer Sitzung des jugoslawischen Staatspräsidiums die Wahl Stipe Mesićs, eines Kroaten, zum jugoslawischen Staatspräsidenten erpreßten, meinte der Tschetnikführer Vojislav Šešelj und ließ seine Trupps erst recht in Kroatien wüten. Stipe Mesić hatte seine Wette verloren, man werde ohne Krieg eine Lösung finden.

Unser Gespräch im Luftschutzkeller wurde nach einer Stunde beendet, als die Sirenen Entwarnung gaben. »Bis bald – und hoffentlich unter angenehmeren Umständen«, verabschiedete sich Stipe Mesić. Zu einer weiteren Begegnung sollte es nicht kommen. Im Dezember 1991 legte er sein Amt nieder. Das ehemalige Jugoslawien war endgültig zerfallen.

10. Dubrovnik: Die Welt wacht auf

Alle eineinhalb Minuten feuert die Haubitze der Jugoslawischen Armee eine Granate auf Dubrovnik ab. Sie steht auf einer Anhöhe neben der Straße, die von Süden entlang der Küste in das Stadtzentrum von Dubrovnik führt. Nur noch zwei Kilometer ist die Jugoslawische Armee von der Altstadt entfernt, per Luftlinie gerade noch einen Kilometer. Und mit einem ohrenbetäubenden Knall kommt die Granate vom Kaliber 120 mm aus dem Kanonenrohr geschossen. Ein zischender Pfeifton, und Sekunden später hören wir den Einschlag. Solch ein Geschoß durchschlägt ohne Mühe ein Dach, zerstört ein ganzes Haus, tötet die Menschen, die sich vielleicht gerade dort aufhalten. »Bravo, getroffen!« rufen die Soldaten der Jugoslawischen Armee, wenn einer von ihnen einen besonderen Treffer gelandet hat. Sie schießen auf alles – rücksichtslos. Der Fernsehturm hoch oben über der Stadt, wo die kroatische Nationalgarde noch die Stellung hält, ist an diesem Tag Ende November 1991 ihr vornehmliches Ziel. Aber sie feuern genauso auf Wohnhäuser, Hotels – und auch auf die Altstadt von Dubrovnik.

Viele der Soldaten in den Armeestellungen, die ringförmig immer näher an die Stadt heranrücken, kommen aus Serbien. Eine große Zahl stammt aber auch aus Montenegro, der Republik, die nur wenige Kilometer südlich von Dubrovnik an Kroatien grenzt. Mitte September hat die montenegrinische Regierung begonnen, Reservisten für die Jugoslawische Armee zu mobilisieren. Allein aus Budva, einem Badeort 80 km weiter südlich, sollen 1000 Reservisten und Freiwillige gekommen sein, um Dubrovnik zu erobern. Sie leben an der gleichen Küste, in Wohngebieten ähnlich denen, die sie jetzt zerstören. Sie wissen, was es heißt, in jahrelanger Arbeit ein Haus, vielleicht eine Pension zu bauen, damit die Touristen kommen, von denen alle hier leben. Der Krieg in Kroatien, die Kämpfe in Küstenorten wie Dubrovnik schaden ihnen gleichermaßen, denn die Touristen aus dem Ausland, die früher die Devisen brachten, bleiben nun aus. Die sie beschießen, waren noch vor wenigen Wochen ihre Freunde, Bekannte, Kollegen oder

Angriff auf die Altstadt von Dubrovnik

Geschäftspartner. Und doch: so groß ist der Haß auf alles, was Kroatisch ist, daß sie sich jetzt aufgemacht haben, Dubrovnik zu vernichten. »Die Kroaten haben diesen Krieg als erste angefangen, mit völlig undemokratischen Forderungen«, sagt ein Marinesoldat auf einem der Kriegsschiffe der Jugoslawischen Armee, das kurz vor Dubrovnik im Hafen von Cavtat ankert. In Dubrovnik hätten sich die kroatische Ustascha und faschistische Söldner aus dem Ausland verschanzt. Davon sind die Soldaten fest überzeugt, das haben ihnen ihre Offiziere erzählt. Die Faschisten hätten ihre Stellungen auch in der Altstadt von Dubrovnik, weil sie glaubten, daß sie zwischen den zahlreichen historischen Gebäuden vor der Jugoslawischen Armee sicher seien. Von dort aus wollten sie Teile Montenegros erobern. »Aber da haben sie sich getäuscht. Wir werden ihnen zuvorkommen und Dubrovnik einnehmen, bevor sie uns überrennen«, hören wir immer wieder. Sagenhafte Propagandamärchen, die serbische und montenegrinische Politiker den Soldaten und auch ihrem Volk seit Monaten eintrichtern lassen – mit Erfolg. »Sobald die kroatischen Soldaten nach Dubrovnik gekommen sind, hat die Stadt ihren Status als Kulturdenkmal verloren«, meint ein alter Mann in Herceg Novi, einer montenegrinischen Küstenstadt direkt an der Grenze zu Kroatien. »Jetzt gibt es kein Mitleid mehr, auch nicht mit den Menschen dort. Sie sollen sich lieber selbst leid tun. Die kroatischen Faschisten sollen aus Dubrovnik verschwinden, dann ist das Problem gelöst.« Ein anderer ist fest davon überzeugt, daß Kroatien mit der Hilfe Deutschlands und Österreichs ein »Viertes Reich« schaffen will und deshalb vorhat, Gebiete auch in den Republiken Bosnien-Herzegowina und Montenegro von Dubrovnik aus zu erobern. »Es ist das dritte Mal seit 1914, daß sie versuchen, uns zu vernichten«, sagt er ganz aufgebracht. »Zuerst Kaiser Franz-Joseph von Österreich-Ungarn und der deutsche Kaiser Wilhelm, dann Hitler und jetzt die Außenminister von Deutschland und Österreich, Genscher und Mock. In ihren Händen ist die Verantwortung für alles, was in und um Dubrovnik vorgeht. Gehen Sie zu ihnen und sagen Sie ihnen, sie sollen Ihnen das alles erklären.« Daß in Dubrovnik eine faschistische Verschwörung ausgebrütet wird, die man so schnell wie möglich zerschlagen muß – davon scheinen die meisten in Herceg Novi überzeugt. Dafür nehmen sie gerne in Kauf, daß keine Touristen mehr kommen. Die einzigen Gäste in der Stadt sind die Soldaten und Offiziere der Jugoslawischen Armee. »Das sind gute Jungs«, meint eine ältere Dame. »Sie verteidigen uns doch nur vor den Söldnern und den fremden Teufeln, die in Dubrovnik sitzen und vom kroatischen Präsidenten Tudjman bezahlt werden, damit sie unsere Kinder umbringen.«

Wir haben direkt miterlebt, wie sich in Montenegro Freiwillige bei der Jugoslawischen Armee meldeten, um Dubrovnik zu stürmen. Mitte November 1991, nachdem mehrere montenegrinische Reservisten bei den schweren Kämpfen um Dubrovnik von der kroatischen Nationalgarde getötet worden waren, kamen sie scharenweise zum Armeekommando des Stützpunktes Kotor. Sie wollten die gefallenen Montenegriner rächen. Gewehre, Maschinenpistolen, sämtliche Schußwaffen, die sie nur auftreiben konnten, brachten sie mit. Sie waren zu allem bereit. Ihre alten Armeeuniformen hatten sie aus dem Schrank geholt, an den Jacken baumelten Handgranaten und Panzerabwehrraketen, im Stiefelschaft steckten die Messer für den »Nahkampf«. Filmen durften wir sie nicht, sonst wären sie auf uns losgegangen. Eine wilde Truppe, die bereit war, ganz Dubrovnik niederzumachen, die Einwohner umzubringen, ihre Häuser zu plündern. Die Armee sei viel zu nachsichtig mit den Kroaten, meinten sie, ihre Kommandeure zu schlapp. Sie wollten Dubrovnik auf eigene Faust einnehmen. Nur mit Mühe und dem Versprechen, man werde die Kroaten schon fertigmachen, wenn es soweit sei, konnten die Offiziere der Jugoslawischen Armee die aufgebrachten Männer bändigen und unter ihr Kommando stellen. Der Sturm auf Dubrovnik fand nicht statt – aber die schweren Angriffe der Jugoslawischen Armee gingen weiter.

Ende September 1991 hatte die Jugoslawische Armee mit dem Angriff auf Dubrovnik begonnen. Die umliegenden Badeorte nahm sie in wenigen Tagen ein. Einen Monat später bombardierte sie zum ersten Mal die historische Altstadt von Dubrovnik. Da wachte die Welt auf. Die »Perle der Adria« war in Gefahr. Ein Kulturdenkmal von einzigartiger Schönheit war bedroht. Zum ersten Mal war Empörung über die Brutalität der Jugoslawischen Armee aus der ganzen Welt zu hören. Sogar in den USA schien man die unglaubliche Rücksichtslosigkeit, mit der die Armee ihre Ziele verfolgte, endlich begriffen zu haben. Daß Tausende unschuldiger Zivilisten dem Kriegsgeschehen wehrlos ausgeliefert waren, hatte keine ähnliche Erregung hervorgerufen. Die Jugoslawische Armee merkte zu spät, daß sie mit dem Angriff auf Dubrovnik einen großen Fehler begangen und dem eigenen Ansehen schwer geschadet hatte.

Mit dem Schicksal des Weltkulturerbes Dubrovnik rückte auch das Schicksal der Menschen, die dort von der Jugoslawischen Armee eingekesselt waren, in die Aufmerksamkeit der Weltöffentlichkeit. Tausende hatten vor den Angriffen der Jugoslawischen Armee in den Mauern der Altstadt Schutz gesucht. Viele von ihnen waren aus den umliegenden Dörfern vor den Armee-Einheiten geflohen, die dort alles zerstörten, was ihnen in den Weg

Zerstörter Panzer der Jugoslawischen Armee vor Dubrovnik

kam. Mit Panzern zerschossen sie die Häuser in den Ortschaften entlang der Adria-Magistrale nach Dubrovnik. Den Rest besorgten die Kampfflugzeuge der Armee mit ihren Bomben.

In das Gebiet um Dubrovnik, das die Jugoslawische Armee besetzt hält, kommt man nur mit einer besonderen Erlaubnis der Militärbehörden von Herceg Novi. Im November 1991 bekommen wir einen der begehrten Passierscheine und fahren von Montenegro aus in Richtung Dubrovnik. An der Grenze zwischen Montenegro und Kroatien steht ein Armeeposten. Die Soldaten, ziemlich verwilderte Reservisten mit langen Haaren und schmutzigen Uniformen, kontrollieren unsere Papiere, mustern uns und unsere Kameraausrüstung mißtrauisch und lassen uns schließlich passieren. Gleich hinter dem Wohnwagen, in dem sich der Posten eingerichtet hat, beginnt kroatisches Territorium. Und hier beginnt auch die Zerstörung. Entlang der Straße sehen wir zerbombte und zerschossene Häuser, verlassene Felder, Schweine und Kühe, die herrenlos durch die Gärten irren. An den Bäumen hängen überreife Zitronen und Orangen, die niemand mehr pflückt. Die Türen vieler Häuser stehen offen. Später hören wir, daß die Soldaten der Jugoslawischen Armee, besonders aber die Angehörigen der Freiwilligenverbände und Reservisten, die verlassenen Häuser plündern. Viele würden sich nur deshalb zum Militärdienst melden, heißt es. Und wirklich begegnen uns auf dem Weg nach Dubrovnik Lastwagen, die ganze Zimmereinrichtungen, ja sogar Heizkörper in Richtung Montenegro wegschleppen.

In der Ortschaft Čilipi, wo sich der Flughafen von Dubrovnik befindet, haben Anfang Oktober 1991 besonders schwere Kämpfe zwischen der Jugoslawischen Armee und der kroatischen Nationalgarde stattgefunden. Vor dem Flughafen liegen noch die Wracks ausgebrannter Tanklastzüge und anderer Lastwagen, dahinter das demolierte Flughafengebäude. Noch im Sommer des Vorjahres landeten hier täglich bis zu 40 Chartermaschinen, mit denen Hunderttausende von ausländischen Urlaubern kamen, die meisten davon aus Deutschland. Viele der Hotels, in denen sie ihre Ferien verbrachten, sind unbewohnbar geworden, die Scheiben der Fenster zerborsten, die Wände rauchgeschwärzt oder eingestürzt. Mehrere Milliarden Dollar beträgt der Sachschaden, den die Jugoslawische Armee hier angerichtet hat – ganz zu schweigen von den Menschen, denen sie mit ihrer Zerstörungswut jede Existenzgrundlage genommen hat. Auch wenn der Krieg ein Ende nimmt – hier kommt so schnell niemand wieder her.

In Čilipi sind fast sämtliche Häuser bis auf die Grundmauern abgebrannt. Am Ortseingang sehen wir die Überreste eines Wohnhauses. Wie ein Kartenhaus ist es in sich zusammengefallen, kein Stein ist auf dem anderen geblieben. Dieses Haus hätte einem Serben gehört, erklärt der Armeeoffizier, der uns begleitet. Nein, das sei keine Bombe gewesen. Kroaten hätten das Haus mit Dynamit in die Luft gejagt, lautet seine Version. Der Dorfplatz von Čilipi, wo sonst im Sommer jeden Sonntag vor der Kirche Folklore- und Tanzvorstellungen stattfanden, ist wie ausgestorben, umgeben von Ruinen mit gespenstisch leeren Fensterhöhlen.

Prächtige Bürgerhäuser standen da einmal, Touristencafés und Restaurants. Die Jugoslawische Armee hat alles niedergemacht. Gartenstühle liegen dort, wo früher wahrscheinlich einmal ein Lagerraum war. Jetzt sind die Wände weggeschossen, der Boden mit Schutt bedeckt, die Stühle verkohlt und verbogen. Hier wohnt keine Menschenseele mehr. Die Außenmauern der Kirche sind unzerstört. Aber innen fehlen der Altarschmuck, die Heiligenfiguren, das Kreuz. Das hätten die Kroaten alles selbst eingepackt und versteckt, so der Kommentar unseres Begleiters von der Armee. Vor dem Postgbäude auf der Hauptstraße ist ein Kinderdreirad liegengeblieben. Die Räder drehen sich im Wind, der Lenker beginnt zu rosten. Ganz überstürzt müssen die Einwohner von Čilipi aus ihrem Dorf geflohen sein. Bei unserem letzten Besuch in Dubrovnik vor drei Monaten schien der Krieg so weit entfernt. Zwar spürte man schon seine Auswirkungen, fast sämtliche Touristen aus dem Ausland blieben bereits damals aus, in den Hotels waren von der Kellnerin bis zum Direktor fast alle arbeitslos. Und die Angst griff schon damals um sich. Aber daß nur wenig später die Badeorte um Dubrovnik besetzt und zerstört sein würden, Dubrovnik belagert, die Bevölkerung in Keller und Bunker geflüchtet – damit hatte auch in den schlimmsten Alpträumen keiner gerechnet.

»Sie schießen auf uns, von Land, von der See, aus der Luft«, so lautete im November 1991 der verzweifelte Hilferuf des Bürgermeisters von Dubrovnik an die Staaten der Europäischen Gemeinschaft. »Wir halten immer noch aus, aber die Zerstörungen um uns sind schreckenerregend.« Im Oktober, November und Dezember 1991 fielen an manchen Tagen mehr als 1000 Granaten und Raketen auf Dubrovnik. An die 50 000 Menschen waren in der Stadt eingeschlossen, der Jugoslawischen Armee und den Verbänden der Freiwilligen ausgeliefert. Tage und Wochen verbrachten sie in den Kellern ihrer Häuser, ohne Wasser, ohne Strom, sahen weder Himmel noch Sonne. Und keine Hoffnung auf Hilfe von außen: die Jugoslawische Armee blockierte mit ihren Kriegsschiffen den Hafen. Hunderte von Flüchtlingen aus den umliegenden Ortschaften hatten in den meterdicken Mauern der Altstadt Zuflucht gefunden. In den Gewölben im Innern der Revelinfestung, die der Bedrohung durch Venezianer, Türken und Serben über Jahrhunderte getrotzt hatte, wohnten und schliefen sie dichtgedrängt auf dem Boden, Matratze an Matratze. Draußen schlugen die Granaten der Kriegsschiffe der Jugoslawischen Armee in den kleinen Hafen vor der Altstadt ein, versenkten Fischerkähne und Ausflugsboote. Im Hafen von Gruž auf der anderen Seite der Stadt setzten sie Lagerhallen und Hafenanlagen in Brand, beschossen und bombardierten Fähren und Handelsschiffe. Die Kriegsmarine der Jugoslawischen Armee nahm die Stadt vom Westen unter Beschuß. Gleichzeitig flogen ihre Kampfjets immer wieder über das Stadtzentrum. Und die Panzereinheiten vor der Stadt feuerten mit schwerer Artillerie von Norden, Süden und Osten.

»Abends, wenn wir im Dunkeln lagen, hörten wir, wie sie schießen und Bomben abwerfen. Ich hatte immer schreckliche Angst«, erzählte mir eine Frau, die in die Festung geflüchtet war. »Vor drei Monaten, Ende September, hat hier in Dubrovnik der Krieg angefangen. Stellen Sie sich vor, Sie müßten so lange ohne Strom und Wasser auskommen und ohne vieles, was man so zum täglichen Leben braucht. Wenn etwas einen Tag lang fehlt, dann ist es schon schwer – und das dann drei Monate...« Auf einer Matratze im Raum gleich daneben sitzt ein verzweifelter alter Mann, der aus einem der Dörfer vor der Stadt hierher gekommen ist. Er hat ein Haus mit Garten zurückgelassen, für das er sein ganzes Leben lang gearbeitet hat. Die Soldaten der Jugoslawischen Armee werden es zerstört und geplündert haben, fürchtet er. Tränen treten ihm in die Augen, als er davon spricht. »Diese Serben sind doch nur neidisch auf uns und das, was wir zustande gebracht haben«, meint er. »So etwas Schönes wie Dubrovnik haben die nicht. Also machen sie alles kaputt. Sie zerstören Dubrovnik, weil sie uns Kroaten erniedrigen wollen.« Das Schlimmste für die Menschen ist jedoch die Ungewißheit, ob die Armee ihre Drohung wahr machen wird und die Stadt erobert. Keiner weiß, wie lange man noch ausharren muß und wann endlich Hilfe kommt.

Als wir das nächste Mal an Silvester 1991 nach Dubrovnik

kommen, ist ein Waffenstillstand zwischen der kroatischen Nationalgarde und der Jugoslawischen Armee ausgehandelt worden. Er kam zustande, nachdem die Altstadt die bis dahin schwersten Angriffe der Jugoslawischen Armee erlebt hatte. Am 6. Dezember hatten Flugzeuge, Kriegsschiffe und die Armee-Einheiten vor der Stadt das historische Zentrum mit Raketen und Granaten attakkiert. Dabei starben 18 Menschen, 60 wurden verwundet – und ein enormer Schaden wurde angerichtet, der kaum wiedergutzumachen ist. Überall in der Altstadt sind die Zerstörungen zu sehen.

Der Sponza-Palast am Anfang des Stradun, der Prachtpromenade, die vom Piletor zum Pločetor führt, wurde von mehreren Einschlägen getroffen, das Dach von Granaten durchschlagen. Die Fassade der Barockkirche des Heiligen Blasius, des Schutzpatrons von Dubrovnik, ist von Einschußlöchern übersät, der Stuck ist abgesprungen. Einige Straßen weiter ist eines der wertvollen Patrizierhäuser aus dem 17. Jahrhundert völlig ausgebrannt. Eine Weihnachtskrippe mit dem Jesuskind haben die Einwohner in den Schutt der Ruine gestellt, als Symbol der Hoffnung auf ein baldiges Ende der sinnlosen Zerstörung. In der Parallelstraße zum Stradun, der »ulica od puča« (Brunnenstraße), stehen von sechs Gebäuden aus dem 13. und 14. Jahrhundert nur noch verkohlte Gerippe. Der Onofrio Brunnen am Ende der Straße, errichtet Mitte des 15. Jahrhunderts, wurde von einer Granate voll getroffen. Das Franziskanerkloster gleich gegenüber hat allein 36 Granateinschläge abbekommen, wie uns einer der Patres erzählt. Der Kreuzgang wurde schwer beschädigt, Teile der Klostermauern zerstört. Über Jahrhunderte hinweg hatten es die Stadtväter von Dubrovnik fertiggebracht, ihre Bürger vor Krieg und Zerstörung zu bewahren. »Libertas« – »Freiheit« war ihnen das wichtigste Gut gewesen. Und nun, Ende des 20. Jahrhunderts, wird die Stadt von einer barbarischen Armee bedroht und zerstört.

Wir beeilen uns, rechtzeitig vor Beginn der Ausgangssperre um 21 Uhr in das Hauptquartier der Nationalgarde von Dubrovnik zu kommen. Es ist im Keller eines Hotels untergebracht. Der Kommandant von Dubrovnik nimmt uns mit in die Befehlszentrale, wo mehrere diensthabende Offiziere über Pläne zur Verteidigung der

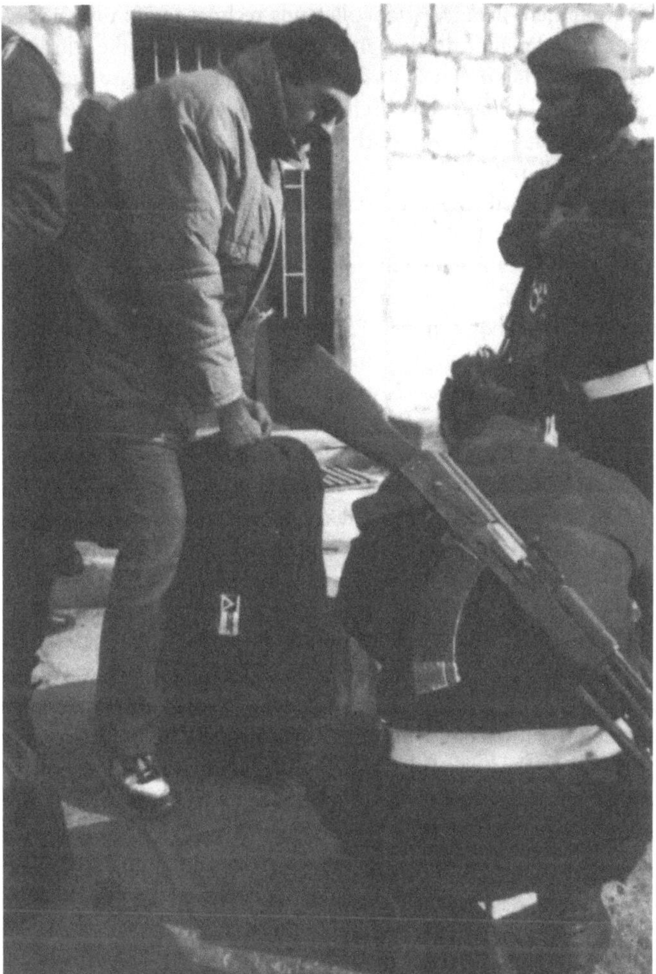

Serbische Verbände kontrollieren den Zugang von und nach Dubrovnik

Stadt beraten. Trotz Waffenstillstands rechnet man mit weiteren Angriffen der Jugoslawischen Armee. Zwar wurde die Blockade der beiden Häfen von Dubrovnik inzwischen teilweise aufgehoben; viermal täglich verkehren Fähren zu den Gebieten außerhalb der Stadt, die die Jugoslawische Armee besetzt hat. Aber nur wer eine besondere Erlaubnis der Armee hat, darf die Stadt verlassen und danach dorthin zurückkommen. Deshalb haben viele Flüchtlinge Angst, aus Dubrovnik in ihre Dörfer zurückzukehren, und sei es auch nur für einige Stunden. Besonders die jungen Männer befürchten, daß sie von den Soldaten der Jugoslawischen Armee und den Angehörigen der Freiwilligenverbände, die dort alles kontrollieren, festgehalten und umgebracht werden. »Hier traut niemand der Armee, auch wenn sie von Frieden spricht«, meint der Kommandant. Die Frage, wie viele Leute er in Dubrovnik unter Waffen hält, will er uns nicht beantworten. Auf jeden Fall seien 90 % seiner Soldaten aus Dubrovnik und Umgebung, meint er. Die übrigen kämen aus anderen Gebieten Kroatiens. Die Geschichten, die die Offiziere der Jugoslawischen Armee ihren Soldaten erzählen, seien nicht wahr. Es gebe keine fremden Söldner in der Stadt.

Ob die Zahl von 1500 Kämpfern in Dubrovnik stimmt, die Offiziere der Jugoslawischen Armee uns genannt haben, wollen wir wissen. Da lächelt er nur resigniert – schön wär's. Der Armee sei man hoffnungslos unterlegen, was die Zahl der Soldaten, aber auch die Ausrüstung mit Waffen angehe, gibt der Kommandant ohne Umschweife zu. Im Falle eines Angriffs auf Dubrovnik seien seine Männer auf den Häuserkampf trainiert – so leicht werde man die Stadt nicht aufgeben. Schließlich werde Dubrovnik nicht nur von der kroatischen Nationalgarde, sondern auch von der Aufmerksamkeit der Welt geschützt. Ohne die große Anteilnahme des Auslandes wäre die Jugoslawische Armee schon längst über die Stadt hergefallen, davon ist der Kommandant überzeugt. »Bisher waren die Einwohner von Dubrovnik eher Künstler, sie verstanden sich auf Diplomatie und nicht aufs Kämpfen. Aber jetzt müssen sie das Kämpfen lernen. Denn wir wollen jeden Zentimeter Boden zurück, den die Jugoslawische Armee besetzt hat«, meint er. Mit der Anerkennung Kroatiens, so hofft er, werde gerade Deutschland Waffen nach Kroatien schicken. Daß ein UNO-Embargo, ein EG-Verbot und auch die deutschen Gesetze solche Waffenlieferungen verbieten, kümmert ihn wenig. »Wir erwarten nicht nur moralische, sondern auch materielle Hilfe, damit wir unser Schicksal selbst bestimmen können. Dabei denken wir an Waffen, und nur an Waffen.«

In der Neujahrsnacht hallten die Klänge von Telemanns Trompetenkonzert durch die Straßen der Altstadt. Das Kammerorchester von Toulouse war mit einer Fähre zu einem Konzert für den Frieden nach Dubrovnik gekommen; eine Geste der Solidarität mit den Menschen, die dort ausharrten. Als das neue Jahr anbrach, wurde es von den Kroaten mit Schüssen in die Luft willkommen geheißen. Die Armeesoldaten in ihren Stellungen auf den Bergen über der Stadt antworteten sogleich. Die Bedrohung durch die Jugoslawische Armee blieb allgegenwärtig. Die Kämpfe, die im neuen Jahr folgten, zeigten es: von Frieden keine Spur.

11. Der Fall von Vukovar

»Willkommen im befreiten Vukovar!« sagt Major Bajić von der Jugoslawischen Armee. Drei Tage nach dem Fall der Stadt wird der erste Bus mit Journalisten in die völlig zerstörte Stadt gebracht. Eine Pressetour, veranstaltet für einige Journalisten, Kamerateams und Fotografen. Die Armee benutzt sie, um ihre Version der Geschichte von der Belagerung und dem Ende Vukovars zu erzählen. »Befreit« – damit meint der Offizier, daß alle Kroaten aus der Stadt vertrieben wurden, die »faschistische Ustascha«, wie die Kroaten im Armeejargon mittlerweile fast durchgängig genannt werden. Doch mit den Kroaten wurden auch Serben, Ungarn, Slowaken und Ruthenen verjagt und getötet. Geblieben ist ein Trümmerfeld. Die Jugoslawische Armee hat einen kläglichen Sieg errungen – es ist der Sieg über eine tote Stadt.

Die Soldaten der Armee und die Einheiten der Tschetniks, die hier Seite an Seite gekämpft haben, sind stolz auf ihren Sieg. Mit Gewehrschüssen und MG-Salven feiern sie ihn. Im Stadtzentrum, neben dem völlig ausgebombten Hotel »Dunay« haben sie die kroatische Fahne in Brand gesetzt. Vukovar ist gefallen – die »Heldenstadt«, wie die Kroaten sie genannt haben. Der kroatische Präsident Franjo Tudjman taufte die Stadt sogar pathetisch »das kroatische Stalingrad«. Heute steht der Name Vukovar jedoch für die schwerste Niederlage der kroatischen Nationalgarde, aber vor allem für die größte menschliche Tragödie des Krieges in Kroatien.

86 Tage lang haben die Jugoslawische Armee und die serbischen Kämpfer die Stadt ununterbrochen beschossen und bombardiert, Haus um Haus, Straße um Straße niedergemacht. Auf jeden Quadratkilometer der Stadt fielen 5000 Geschosse, nicht ein Gebäude blieb verschont. Dazwischen, versteckt in Kellern und Bunkern, vegetierten 15 000 Einwohner, die nicht rechtzeitig aus der Stadt fliehen konnten, darunter 2000 Kinder. Drei lange Monate verbrachten sie im Dunkeln, ohne Wasser, ohne Wärme, ohne Verpflegung, ohne medizinische Versorgung, ohne Nachrichten von außen oder Hoffnung auf Hilfe. Um sie herum: Geschoß- und Kugelhagel. Die, die rausgingen, kamen nicht mehr zurück.

Das zerstörte Vukovar

Schon während der Fahrt in die Stadt hinein stimmt uns der Armeeoffizier mit serbischer Propaganda ein. »Dieser Krieg wurde uns aufgezwungen«, meint er. »Wir mußten unseren Einheiten zu Hilfe kommen, die hier in ihren Kasernen von den Kroaten beschossen und bedroht wurden. Ich sage Ihnen, das war eine Schlacht gegen den kroatischen Faschismus und gegen den Genozid am serbischen Volk.«

Wir fahren durch die Vororte von Vukovar. Fast jedes Haus ist von Einschüssen übersät, die Türen von Kugeln durchsiebt, die Fenster zu Bruch zerschossen. In den Seitenstraßen stehen ganz diskret die Panzer der Jugoslawischen Armee. Wir fahren schnell an ihnen vorbei. Zwischen den Häusern können wir gerade noch die Toten sehen, die die Armee vor unserem Eintreffen nicht wegschaffen konnte. Wie viele Menschen in Vukovar ums Leben kamen, weiß niemand genau zu sagen. Die Zahl der Opfer geht in die Tausende. Internationale Menschenrechtsorganisationen sprechen außerdem von mindestens 3000 Vermißten, von denen sich einige hundert in serbischen Gefängnissen und Internierungslagern befinden müßten – die anderen sind wahrscheinlich tot.

»Vukovar war eigentlich schon immer eine serbische Stadt«,

eröffnet uns der Armeeoffizier. »Schon vor Beginn der Kämpfe lebten die Serben hier in der Mehrheit. 52 % der Einwohner waren serbisch, nur 30 % kroatisch«, meint er. Daß die offiziellen Statistiken ganz andere Zahlen vorweisen, eine kroatische Mehrheit von knapp 44 % gegenüber 37 % Serben nämlich, will er nicht gelten lassen. Jetzt soll Vukovar Hauptstadt der »Serbischen Autonomen Region Slawonien, Baranja und West-Syrmien« werden, hören wir. Für Kroaten oder auch andere Nationalitäten ist da kein Platz mehr. »Die Serben von Vukovar waren die Opfer der Kroaten«, erklärt unser Begleiter. »Schauen Sie sich doch die Zerstörung ringsherum an. Das haben alles die Kroaten angerichtet, als sie aus der Stadt flohen.«

Gleich nachdem die kroatische Nationalgarde kapituliert und die Jugoslawische Armee die Stadt für erobert erklärt hatte, setzte sich der Flüchtlingsstrom aus Vukovar in Bewegung. Vom Licht und der Sonne geblendet, wankten die Menschen aus der Dunkelheit ihrer Keller ins Freie. Viele von ihnen zitterten am ganzen Leib, so tief saß der Schock über das, was sie in den letzten Wochen und Monaten durchgemacht hatten. Frauen und Männer, Alte und Kinder schleppten sich durch die verwüsteten Straßen ihrer Stadt. In aller Hast hatten sie das Nötigste zusammengerafft, immer die Angst im Nacken, die Jugoslawische Armee könnte vielleicht doch wieder von neuem beginnen zu schießen. Das wenige, was ihnen geblieben war, trugen sie in Koffern, Plastiktüten und Bündeln bei sich oder zogen es in Handkarren hinter sich her. Ein endloser Treck von Hoffnungslosen quälte sich da durch die Trümmer von Vukovar; Kroaten, Serben und Angehörige anderer Nationalitäten gleichermaßen. Bilder unglaublichen menschlichen Elends, die an die Flüchtlingsströme in der Zeit nach dem Zweiten Weltkrieg erinnerten. Wer hätte gedacht, daß sich im Europa des 20. Jahrhunderts solches Leid wiederholen würde? Diese Menschen waren zu Opfern eines Krieges geworden, den sie nie gewollt hatten. Und schon gar nicht wollten sie Helden sein in einer Heldenstadt. Die Politiker beider Seiten haben sie in dieses Schicksal getrieben, sie rücksichtslos für ihre politischen und militärischen Ziele mißbraucht. Als dann der Untergang der Stadt besiegelt war, hielten sie anstelle von Hilfe nur noch Durchhalteparolen parat. Jetzt ziehen die Menschen aus Vukovar ins Ungewisse. Zuerst sollen sie nach Serbien gebracht werden, dann die Kroaten in Richtung Kroatien, die Serben in serbische Dörfer und Städte. Sie sind verzweifelt, haben alles verloren. Viele Serben wollen zurückkommen und die Stadt wieder aufbauen, wenn der Krieg vorbei ist. Viele Kroaten hingegen haben Angst vor der Armee und den serbischen Verbänden, die Vukovar jetzt kontrollieren. Sie wissen nicht, ob sie jemals zurückkehren werden.

Wir halten vor der Armeekaserne in Vukovar an. Hier habe im August alles begonnen, erklärt uns der Presseoffizier. Die kroatische Nationalgarde habe diese Kaserne blockiert und mit den Schießereien begonnen. »Da mußten wir uns einfach wehren.«

Panzereinheiten und Bombergeschwader aus Armeestützpunkten in Kroatien, Serbien und Bosnien-Herzegowina rückten also an. Sie beschossen die gesamte Stadt systematisch mit schwerer Artillerie, Panzerwaffen, Raketenwerfern und Mörsern. Die Kampfflugzeuge nahmen sich dann das vor, was noch nicht zerstört war. Der Ring der Angreifer zog sich immer enger um die Stadt. Anfang November setzte die Jugoslawische Armee zur endgültigen Großoffensive an. Der gnadenlose Kampf um Vukovar kannte keine Rücksicht auf die Einwohner, die zwischen den Fronten eingeschlossen waren. Warum gerade um diese Stadt so erbarmungslos gekämpft wurde, kann niemand wirklich erklären. Zwar liegt sie an der Grenze zwischen Kroatien und der Vojvodina bzw. Serbien und könnte eine Etappe darstellen bei der Besetzung Ostslawoniens, dessen Eroberung zumindest die Tschetniks offen zum Kriegsziel erklärt haben. Die strategische Bedeutung steht jedoch in keinem Verhältnis zu der Verbissenheit und Hartnäckigkeit, mit der sowohl die Jugoslawische Armee als auch die kroatische Nationalgarde hier ohne Rücksicht auf Verluste gekämpft haben. Es ist eher der Symbolwert, der die Stadt für beide Seiten so wichtig erscheinen ließ. Die kroatische Führung stilisierte Vukovar zum Zeichen des Widerstandes gegen die übermächtige Jugoslawische Armee. Die Serben und die Jugoslawische Armee sahen demgegenüber in der Schlacht um Vukovar eine Möglichkeit, ihr angeschlagenes Image aufzupolieren und mit einem Sieg über die Kroaten die gesunkene Kampfkraft und Motivation ihrer Soldaten zu erhöhen.

Der Pressebus hält an. Wir können aussteigen und uns umsehen. Vor und hinter dem Bus stehen Schützenpanzer der Jugoslawischen Armee, die den Weg sichern sollen für den Fall, daß noch eine Mine auf der Straße liegengeblieben ist. In der Ferne sind Schüsse zu hören. Noch sei die Stadt nicht sicher, im Stadtteil Mitnica hätten sich Kämpfer der kroatischen rechtsextremen Freiwilligentruppe HOS verschanzt, erklärt man uns. Ob die Jugoslawische Armee wirklich nur Jagd auf Heckenschützen macht oder auch auf andere Kroaten? Wir können das schlecht überprüfen. Die Häuser links und rechts der Straße, wo wir angehalten haben, liegen in Schutt und Asche. Je mehr wir uns dem Stadtzentrum nähern, desto offensichtlicher wird die Zerstörung. Auf dem Bürgersteig verwest ein totes Schwein, halb verschüttet unter Trümmern und Dreck. »Das hier ist die Straße des Ersten Mai«, erklärt Major Bajić. »Hier befand sich die hartnäckigste Linie der Ustascha-Kräfte.«

Noch vor einem Jahr lebten in Vukovar Serben und Kroaten friedlich zusammen. Niemand kümmerte sich darum, welcher Nationalität der andere war. Ehemalige Bewohner von Vukovar erzählen, daß der Konflikt zwischen Serben und Kroaten von Extremisten geschürt wurde, die jedoch zunächst keinen großen Zulauf hatten – bis Kroatien im Juni 1991 seine Unabhängigkeit erklärte. Da wuchs der Unmut der Serben über die neue kroatische Regierung. Die Propaganda aus Belgrad über Zeitung, Radio und Fernsehen tat ihr übriges, genauso wie die Parolen aus Zagreb. Der Haß zwischen Kroaten und Serben trat offen zutage. Schon im August kam es zu ersten Schießereien zwischen Jugoslawischer Armee und kroatischer Nationalgarde, die in eine blutige Schlacht mündeten und schließlich mit der totalen Zerstörung der Stadt endeten, die einmal Serben und Kroaten gemeinsam bewohnt haben.

Wir sind mittlerweile dort angelangt, wo einmal das Stadtzentrum von Vukovar war. Hier haben die schwersten Kämpfe stattgefunden. Nur mit Mühe kann man erahnen, wie die barocke

Innenstadt einmal ausgesehen hat, die Arkaden der Häuser auf der Marschall-Tito-Straße, der Einkaufsstraße von Vukovar, die katholische Kirche, das Barockschloß der Grafen von und zu Eltz, die hier bis zum Zweiten Weltkrieg umfangreichen Grundbesitz hatten, die Geschäfte links und rechts der Straße. Unvorstellbar die Zerstörungswut, mit der das alles niedergemacht wurde. Unerträglich der Gedanke an die Ohnmacht und die Hilflosigkeit der Menschen, die ihr nichts entgegensetzen konnten. Rechts von uns taucht der Hauptplatz von Vukovar auf. »Platz der Freiheit« hieß er einmal – heute klingt das wie ein schlechter Scherz. Kein Gebäude ist dort ganz geblieben, kaum ein Stein auf dem anderen. Die serbischen Kämpfer sind stolz auf die Ruine, die sie eingenommen haben. »Jetzt ist die Freiheit nach Vukovar gekommen«, meint einer von ihnen, der das Zeichen der Tschetniks an der Mütze trägt. »Ich werde in dieser Stadt leben. Ich finde sie schön. Sogar zerstört ist sie schön.«

Für die Serben wird die Schlacht um Vukovar als Befreiungskampf in die Geschichte eingehen, besonders für die Tschetniks, deren Ziel es ist, sämtliche Kroaten aus der Gegend zu vertreiben. Nachdem die Einwohner aus der Stadt geflüchtet sind, machen sie sich in den Straßen der Innenstadt breit, hören die alten Kampflieder der Königstreuen und stoßen an auf ihren Triumph über die »faschistischen kroatischen Horden«. Über ihnen weht die schwarze Fahne der Tschetniks mit dem Totenkopf und dem Schlachtruf »Freiheit oder Tod«. Jetzt haben wir den ersten Abschnitt hinter uns gebracht, dann kommt der zweite, danach gehen wir nach Osijek oder Vinkovici«, sagt einer von ihnen. »Ich werde bis zum Ende kämpfen. Ich opfere mein Leben dem serbischen Volk, meinem Volk. Alle hier werden bis zum Ende kämpfen. Keiner kann Serben als Geiseln nehmen oder Serben töten. Wir sind die Stärksten auf der Welt – und wir sind die Besten.«

Die Soldaten der Jugoslawischen Armee haben es sich vor dem Krankenhaus von Vukovar bequem gemacht, als unser Bus vorfährt. Jetzt ist es ruhig hier – nach wochenlangen schweren Kämpfen. Vor dem Krankenhaus stehen noch die zerschossenen Ambulanzwagen. Im Kugelhagel konnten sie keine Verletzten mehr

Im Stadtzentrum von Vukovar

bergen. Gleich zu Beginn der Schießereien wurde das dritte Stockwerk des Krankenhauses zerstört, wo sich die Operationssäle und die Intensivstation befanden. Selbst die medizinischen Einrichtungen verschonte die Jugoslawische Armee nicht – ein offener Verstoß gegen internationales Kriegsrecht. Ganz gezielt vernichtete sie zuallererst jegliche Möglichkeit, Verwundete und Kranke ausreichend zu versorgen.

Als wir ankommen, fahren gerade die letzten Patiententransporte ab. Die Armee beeilt sich, die Verletzten rechtzeitig vor Eintreffen der Journalisten wegzuschaffen. Die Toten sind geblieben. Zwei von ihnen liegen vor dem Krankenhaus, auf ihren Betten hergerollt und hastig mit Laken bedeckt. Irgend jemand hat sie hier abgestellt. Einsam und verloren stehen sie im einsetzenden Regen vor dem zerstörten Krankenhaus. Wahrscheinlich wissen ihre Angehörigen noch nicht einmal, was aus ihnen geworden ist. Sie werden in die große Zahl der Vermißten von Vukovar aufgenommen werden, auf die schließlich niemand mehr wartet, weil alle wissen, daß sie umgekommen sind.

Im Krankenhaus liegen nur noch 20 Serben in den Betten. Sie sehen überraschend sauber, gesund und wohlgenährt aus. Den Journalisten erzählen sie von der schweren Zeit, die sie hier unter dem Beschuß kroatischer Verbände erlebt hätten. Von Angriffen der Jugoslawischen Armee ist keine Rede. Trotz allem sei das Leben im Krankenhaus jedoch erträglich gewesen, der Service habe mit der Zeit etwas nachgelassen, aber im großen und ganzen sei man mit der medizinischen Versorgung zufrieden, meint einer von ihnen.

Kroatische Ärzte und Krankenschwestern des Krankenhauses, die nach drei Monaten zusammen mit ihren Patienten aus Vukovar wegtransportiert wurden, erzählen völlig anderes. Sie hatten im Keller des Krankenhauses Hunderte von Menschen zu versorgen, die meisten von ihnen verletzt oder unter Schock. Mit der Zeit gingen ihnen die Medikamente aus, besonders blutstillende Mittel, Notverbände und chirurgische Instrumente fehlten. »Das größte Problem war jedoch, daß wir kein Wasser hatten«, erzählt uns einer der Ärzte später. »Wie sollten wir zum Beispiel Operationsbestecke ohne Wasser sterilisieren?« Mit Regenwasser versuchten sich die Ärzte zu behelfen.

»Es ist schwer zu beschreiben, was sich in diesen drei Monaten abgespielt hat«, meint eine Kinderärztin. Dichtgedrängt lagen die Patienten in den Kellerräumen und Fluren, unter ihnen auch viele Kinder. Ein sechs Monate altes Baby wurde nach einem Angriff mit schweren Verletzungen am Bein und einem Granatsplitter im Magen in das Krankenhaus gebracht. Mit einer Notoperation versuchten die Ärzte zu helfen. Aber sie hatten weder die richtigen Geräte noch Medikamente. Tagelang lag das Baby, ein kleines Mädchen, wimmernd im Koma. Gerade noch rechtzeitig konnte es dann nach dem Fall von Vukovar in ein Krankenhaus nach Belgrad gebracht werden. Aber für viele andere kam jede Hilfe zu spät. Eine Oberschwester des Krankenhauses von Vukovar meinte später, es seien etliche Kinder gestorben. 500 Patienten hätten die Belagerung nicht überlebt.

Der Armeeoffizier führt uns in einen Hinterhof gegenüber dem Krankenhaus. Dort liegen die Leichen von etwa 80 Menschen. Es sind Zivilisten. Männer, Frauen und Kinder, manche von ihnen halb nackt, andere in Decken gewickelt. Ein unerträglicher Geruch von Verwesung liegt in der Luft – anscheinend hat man sie schon

Das Krankenhaus von Vukovar

vor einiger Zeit hierhergebracht. Ob es Serben oder Kroaten sind, wie sie ums Leben kamen und wer sie hierhergebracht hat – all das kann uns mit endgültiger Sicherheit niemand sagen. Wahrscheinlich sind es Verletzte und Kranke, Serben und Kroaten, denen man im Krankenhaus von Vukovar nicht mehr helfen konnte. Die Toten habe man zurücklassen müssen, erzählen Ärzte und Krankenschwestern des Krankenhauses später, man habe genug Mühe gehabt, alle Kranken und Verletzten rechtzeitig zum Abtransport in Busse und Lastwagen zu bringen. Für den Presseoffizier, der uns die Toten präsentiert, ist die Sache klar. Das hier seien alles Serben, meint er. Die Ustascha habe sie grausam ermordet, da gebe es keinen Zweifel.

Nach dem Fall von Vukovar tauchten immer wieder neue Gerüchte über Massaker der einen oder anderen Seite auf. Serben und Kroaten beschuldigten sich gegenseitig, ihre Kämpfer hätten unschuldige Zivilisten bestialisch ermordet. Berichte über Greueltaten an Männern, Frauen und Kindern benutzte die Kriegspropaganda beider Seiten, um den Haß zwischen Kroaten und Serben weiter zu schüren, die eigene Grausamkeit mit der Brutalität der anderen Seite zu rechtfertigen. Auch internationale Menschenrechtsorganisationen wie amnesty international weisen darauf hin, wie schwer es ist, Zahlenangaben und Informationen über solche Massaker zu überprüfen. Die Meldung von einem Massenmord an 41 Schulkindern durch kroatische Soldaten in Vukovar mußte die Jugoslawische Armee dementieren, nachdem sie weltweit für Aufsehen und Empörung gesorgt hatte. Daß die Jugoslawische Armee in Vukovar an die 3000 Kriegsgefangene in serbische Gefängnisse und Internierungslager abtransportierte, darunter viele kroatische Männer in Zivil und verwundete Kroaten, bestätigen hingegen mehrere Menschenrechts- und Hilfsorganisationen unabhängig voneinander. Aus dem Flüchtlingsstrom seien die Männer, auch verwundete, ausgesondert und als Kriegsgefangene abgeführt worden, erzählen Flüchtlinge. Man habe sie weggebracht oder gleich an Ort und Stelle willkürlich erschossen.

Zum Abschluß dieser Pressefahrt hat die Jugoslawische Armee einen Empfang im total zerstörten Hotel Dunay vorbereitet. Durch die eingeschossenen Fenster, die mit Decken verhängt sind, pfeift der Wind. Im Halbdunklen stehen Schnaps und Säfte, wahrscheinlich Beutestücke aus einem der Supermärkte von Vukovar. »Abgefüllt in Kroatien«, steht auf dem Etikett. Dazu gibt es serbische Bohnensuppe und Brot – man möchte, daß sich die Gäste wohl fühlen. Die großen Löcher in der Decke über uns sollen uns nicht stören, meint einer der Offiziere. »Das Hotel haben nicht wir zerstört, die Kroaten haben es selbst in die Luft gesprengt.« Dann hebt einer der Offiziere an und betont nochmals: Die Jugoslawische Armee hat in Vukovar nur ihre Pflicht erfüllt, und sie hat recht getan. Davon sind alle anwesenden Offiziere überzeugt. »Jetzt endlich soll die Wahrheit über diesen Krieg gesagt werden«, meint einer von ihnen. »Schluß auch mit den Lügengeschichten, daß Zagreb und Dubrovnik von der Jugoslawischen Armee bombardiert werden. Das stimmt doch alles nicht.«

Die Jugoslawische Armee hat einem serbischen Reiseunternehmen die Genehmigung für organisierte Besichtungsfahrten nach Vukovar erteilt. Ein menschenwürdiges Leben ist dort nicht mehr möglich. Dafür kommen die Schlachtfeldtouristen.

12. Auf der Flucht

Valerija geht im Dunkeln nicht aus dem Haus. Die Kroatin hat Angst. Drei Monate hat sie zusammen mit ihren drei Kindern Sami (2 Jahre), Lilian (8 Jahre) und Christina (11 Jahre) und ihrer Mutter in einem der Bunker von Vukovar verbracht. Dann ist sie zusammen mit anderen Kroaten nach Zagreb gekommen, in eine der vielen Unterkünfte für Flüchtlinge aus Vukovar. Sie erzählt uns, was sie während der Belagerung und nach dem Fall von Vukovar erlebt hat.

»Wann sind Sie nach Vukovar geflüchtet, und wann sind Sie nach Zagreb gekommen?« »Wir sind am 21. November 1991 in Zagreb angekommen. Zuerst wurden wir hier in einem Hotel untergebracht. Bis zum 26. Dezember blieben wir dort, und dann wurden wir hierher gebracht, in diese ehemalige Kaserne. Wir sind am 21. November vom Krankenhaus in Vukovar abgefahren. Morgens um sieben hatten sie (gemeint sind die Soldaten und Offiziere der Jugoslawischen Armee) uns schon aus dem Krankenhaus getrieben. Gegen ein Uhr nachmittags haben sie uns dann in Busse gesteckt, und dann fuhren wir in Richtung Negoslavci (ein Dorf 8 km südlich von Vukovar). Auf dem Weg kamen wir durch das Stadtzentrum von Vukovar. Da lagen überall Tote am Straßenrand. Im Stadtzentrum wurden auch Soldaten der kroatischen Nationalgarde zusammengetrieben. Da war eine Menge los, aber uns haben sie nicht angehalten, wir fuhren weiter. In Negoslavci hielten wir an. Uns wurde gesagt, daß wir nicht nach Kroatien weiterfahren können, weil uns der kroatische Präsident Tudjman nicht will. Wir fuhren weiter nach Orolik (ein Dorf 15 km südlich von Vukovar), und dort haben sie uns gesagt, daß wir auf keinen Fall nach Kroatien können. Wir müßten nach Serbien, nach Sremska Mitrovica. In Sremska Mitrovica wurden wir Mütter mit Kindern in einer Sporthalle untergebracht, die Patienten aus dem Krankenhaus brachten sie in eine Kaserne. Am nächsten Morgen um zehn Uhr holten sie uns ab und brachten uns in Richtung Zagreb. Als sie uns in Bosanski Šamac den Kroaten übergaben, fehlten zwei Konvois mit Verletzten. Wir hatten vorher alles durchgezählt, sie fehlten. Wo sie geblieben sind, wissen wir nicht. Wir fuhren mit dem Autobus weiter bis nach Zagreb.«

»Meinen Mann, das gesamte männliche Krankenhauspersonal und alle männlichen Patienten haben sie in Vukovar morgens um sieben Uhr aus dem Krankenhaus rausgeholt, untersucht und auf die andere Seite gebracht«, erzählt Valerija auf die Frage, was aus ihrem Mann geworden ist. »Da standen sehr große Lastwagen. Sogar die Patienten, die kaum laufen konnten, haben sie alle rausgeholt. Uns haben sie auf der anderen Seite des Krankenhauses hinausgeführt und uns gesagt, wir sollen dort bleiben, so daß ich nicht weiß, was weiter passiert ist. Meinen Mann habe ich seitdem nicht mehr gesehen. Um neun oder halb zehn kamen eine Kommission der Europäischen Gemeinschaft und das Rote Kreuz. Sie haben uns gefragt, wer nach Serbien will, wer im Krankenhaus bleiben und dort arbeiten will und wer nach Kroatien will. Dann haben sie uns aufgeteilt, aber nur sehr wenige wollten nach Serbien oder im Krankenhaus bleiben, alle wollten wir nach Kroatien.«

Sie habe nur einen Tag im Krankenhaus von Vukovar verbracht, berichtet Valerija. Sie sei aus einem Schutzbunker der Siedlung Olajnica dorthin gekommen. »Mein Mann hat mir geholfen, die Kinder rüberzubringen, er hat den Kleinen getragen und die kleinere Tochter an der Hand genommen. Als wir vom Bunker losgingen, haben Scharfschützen auf uns geschossen, wir kamen nur mit Mühe zum Krankenhaus. Dort haben sie mich von meinem Mann getrennt. Mir war sehr schlecht, ich fiel in Ohnmacht und blieb im Krankenhaus. Die Leiterin dort, Dr. Bosanac, sagte, ich müßte mit den Kindern zusammen im Krankenhaus bleiben und könnte dann mit allen aus Vukovar fortgehen. Also bin ich bei dem Krankenhauskonvoi geblieben. Mein Mann hat in der kroatischen Nationalgarde gekämpft, also mußte er mit dem anderen Konvoi gehen. Vorher waren wir im Atombunker des Stadtteils Olajnica. Am Anfang hatten wir alles, auch Nahrung; aber am Ende, im letzten Monat, ging es uns sehr schlecht. Wir konnten kein Wasser holen, weil der Schutzbunker auf einem offenen Platz lag, auf den die Scharfschützen ständig geschossen haben mit ihren Snipergewehren, außerdem fielen Granaten und alles mögliche. Wir konnten nicht zum Wasser gelangen, auch nicht nachts, auch nachts haben sie geschossen. Es war schrecklich.«

An einem Tag im August um vier Uhr nachmittags sagte ihr Mann, sie solle in den Luftschutzkeller gehen, es würde bald Luftalarm geben. Seitdem lebte sie mit ihren Kindern im Bunker. Bis zum Fall von Vukovar hat sie ihn nur einige Male für wenige Minuten verlassen. »Sie haben zuerst die Stadt und das Museum bombardiert. Dann wurden die Angriffe immer heftiger. Am Anfang sind wir ab und zu 'rausgegangen, aber man konnte nicht lange draußen bleiben. Es sind Kinder vor dem Luftschutzkeller umgekommen und Erwachsene, weil die Granaten und Kugeln ganz unerwartet kamen. Deswegen haben wir nur noch manchmal die Tür geöffnet, um frische Luft zu bekommen, aber hinausgegangen sind wir nicht mehr. Besonders nicht mit den Kindern. Es sind auch Granaten auf den Bunker gefallen. Da gab es Verletzte im ersten Teil des Bunkers, viele Verletzte. Ob das Granaten oder Bomben waren, weiß ich nicht genau. Auf jeden Fall flüchteten wir in die hinteren Teile. Sobald es losging, gingen wir nach hinten, Mütter und Kinder. Es gab welche, die trotzdem rausgingen und glaubten, es würde ihnen nichts passieren. Besonders in der letzten Zeit waren das sehr viele. Allein 70 Menschen aus unserem Bunker sind so umgekommen. Es lebten 250 Menschen im Bunker, im letzten Monat 400. Da gab es Alte, Schwache, Kranke und sogar Verletzte aus dem Krankenhaus, weil dort nicht genug Platz war. Diejenigen, die konnten, kamen 'rüber zu uns. Es gab keine Krankenschwester. Ich habe das alles gemacht, Verbände gewechselt, Medikamente an die Kranken verteilt. Ich bin keine Krankenschwester, aber soweit es ging, habe ich allen geholfen.«

Im Laufe der Zeit wurde es immer schwieriger, Lebensmittel herbeizuschaffen. »Im letzten Monat ging gar nichts mehr. Wir haben Brot ohne Hefe gebacken, wir hatten Mehl, aber keine Hefe. Einmal täglich bekamen wir einen halben Liter Wasser. Es gab auch Gardisten (gemeint sind Soldaten der kroatischen Nationalgarde), die versucht haben, für uns Schweine und Kälber zu holen und die dabei umgekommen sind. Sie wollten uns etwas Fleisch bringen, damit wir für die Kinder kochen können, aber es war schwierig, kaum zu schaffen. Sie haben uns versorgt, so gut es ging. Sie haben uns aus den Wohnungen gebracht, was sie mitnehmen konnten: Nudeln, Fertigsuppen. Aber wir hatten kein Wasser zum Kochen. Wenn wir zum Beispiel an einem Tag Tee gekocht haben, dann gab es danach tagelang keinen. Es gab Wasser nur zum Trinken. Wir konnten es für nichts anderes verwenden. Die Kinder haben Brot und Fett gegessen. Davon hatten wir genug. Oder es fand sich für sie ein wenig Marmelade.«

Und wie hat sie ihren Kindern erklärt, daß sie im Bunker bleiben müssen? »Ich hab's ihnen auf alle möglichen Arten erklärt. Daß es uns besser gehen wird, wenn alles vorbei ist, daß es nicht immer so bleiben wird, daß wir durchhalten werden. Ich habe nicht gegessen, meine Mutter und ich haben alles ihnen gegeben. Das Wasser habe ich für das Fläschchen des Kleinen verwendet, Milchpulver hatten wir. Zu fünft bekamen wir einen halben Liter Wasser am Tag, damit kann ich nicht einmal drei Fläschchen machen, nicht einmal für drei Mahlzeiten reicht das.«

Das Leben im Keller wurde immer unerträglicher. »Die Leute haben sich gestritten. Wenn Brot ausgegeben wurde, haben sie gesagt ›mir hast du mehr gegeben‹, ›mir hast du weniger gegeben‹. Wir hatten keine Zigaretten. Die Raucher haben sich sogar aus Kamillentee Zigaretten gedreht, wegen der Nerven, sie hatten nichts anderes. Dann die Nervosität, das Warten ... und dann, als Vukovar fiel, zwei Tage dauerte das. Unsere Soldaten verließen uns, sie kämpften sich durch, 'raus aus der Stadt – aber wir wußten nichts davon. Es kam nur einer, um uns zu sagen, daß Vukovar gefallen sei. Wir hatten keine Waffen, gar nichts. Wir wurden ganz allein gelassen. Alles, was wir hatten, mußten wir verstekken. Die Gardisten mußten sich umziehen, und ihre Uniformen haben wir vergraben. Wir hätten nie gedacht, daß Vukovar fallen würde. Wir dachten, daß sich die Garde (gemeint ist die kroatische Nationalgarde) durchkämpfen und uns helfen würde. Wir lebten alle in der Hoffnung, daß Vukovar nicht fallen kann. Wir glaubten bis zuletzt daran, und alles, was wir durchgemacht haben, war nicht so schrecklich wie der Moment, als wir hörten, daß Vukovar gefallen ist. Da war gar nichts mehr, wir hatten alles verloren, alles war umsonst gewesen, alles, was wir durchgemacht haben.«

Nachrichten von der Front kamen immer seltener durch. »Wir hatten ein Radio, aber zum Schluß hatten wir nichts, etwa 15 Tage lang, denn die Batterien waren ausgegangen. Wir wußten nichts, nur wenn jemand vorbeikam und uns etwas erzählte. Als Siniša Glavašević (ein Reporter von Radio Vukovar, der als vermißt gilt und wahrscheinlich ums Leben gekommen ist) noch da war, kam er oft, beruhigte uns, ›wir werden siegen, alles ist in Ordnung‹, sagte er dann. Solange es ging, kam er, rannte zu uns 'rüber und sagte, wir sollten uns keine Sorgen machen. Wir haben ihn dann alle umringt und ausgefragt. Als ich dann hörte, daß Vukovar gefallen ist, dachte ich, daß ich nicht mehr lebend herauskommen würde. Ich hatte fürchterliche Angst, besonders um die Kinder. Ich habe zwei Nächte überhaupt nicht geschlafen, bis wir dann wegfuhren.«

Ihren Mann hat Valerija zunächst nur selten gesehen. »Einmal im Monat haben sie ihn für fünf Minuten hergefahren. Im letzten Monat war er dann ständig bei uns. Dr. Bosanac vom Krankenhaus hat ihn zu uns beordert. Es kamen massenweise Leute. Sie fingen an, sich zu prügeln. Als zum Beispiel das Essen verteilt wurde, haben es sich die Leute gegenseitig weggenommen. Es gab nicht genug zu essen, und sie waren hungrig. Also mußte jemand von der kroatischen Nationalgarde da sein. Im letzten Monat war mein Mann der Kommandant im Schutzbunker. Er ging auch mit uns aus dem Schutzbunker hinaus.«

Insgesamt bestand der Bunker aus vier Räumen. Zunächst habe man keine Decken gehabt, erzählt Valerija, später wurden dann einige von kroatischen Nationalgardisten gebracht und verteilt. Auch Kleider besorgten sie aus den verlassenen Wohnungen. »Die Wohnungen, aus denen sie die Sachen brachten, waren noch relativ unbeschädigt. Sie waren zwar von Granaten getroffen, aber nicht völlig zerstört worden. Sie hatten früher Serben und auch Kroaten gehört.« Die Verhältnisse im Bunker seien menschenunwürdig gewesen. »Unser WC bestand aus irgendwelchen Eimern, die wir rausbringen mußten. Als aber die Granaten fielen, ging das nicht mehr. Es gab keine Abwasserleitungen, das war wirklich schrecklich. Wir machten Leuchten aus Öl und etwas Watte. Wer so was basteln konnte, stellte es an sein Bett. Wir hatten Betten aus Brettern auf Ziegelsteinen. Auf drei solcher Liegen schliefen manchmal 15 Menschen. Am Ende war der Bunker völlig überfüllt, man hatte keinen Platz mehr. Viele Kinder, viele Alte waren da, jeder hat den anderen gestört. Der Schutzraum selbst war schon recht gut gebaut.«

»Ja, es gab sehr viele Serben bei uns. Alles, was wir bekamen, haben auch sie bekommen. Wir haben alles geteilt und nicht darauf geschaut, ob einer Serbe oder Kroate ist, überhaupt nicht. Die Haltung im Schutzbunker war, daß nicht alle Serben gleich sind, daß nicht alle hingehen und solche Sachen machen wie die Jugoslawische Armee und die serbischen Einheiten draußen. Auch meine Nachbarin war im Schutzkeller. Sie ist Serbin, und wir haben alles geteilt. Die mit uns im Bunker saßen, waren alle unsere Nachbarn aus derselben Straße. Sie alle waren Serben. Später, als wir in Serbien in der Stadt Sremska Mitrovica angekommen waren, haben sie gesagt, wir hätten ihnen nichts zu essen geben wollen. Ein Serbe war Alkoholiker. Er ist aus dem Bunker 'rausgegangen, um etwas zum Trinken zu besorgen. Ein Scharfschütze hat ihn erschossen. Mein Vetter ist umgekommen, als er versuchte, ihn zu holen. Wir haben den Serben vor dem Bunker begraben. Am 27. Oktober ist er umgekommen. Später haben die Serben gesagt, wir Kroaten hätten ihn umgebracht. Dabei wollten die Gardisten ihn holen, weil sie dachten, er lebt noch. Sie wollten ihn ins Krankenhaus bringen. Und die Serben haben später gesagt, er hätte sogar sein eigenes Grab ausheben müssen und wir hätten ihn umgebracht. Mir sind zwei Männer im Bunker verdächtig vorgekommen. Sie hatten Waffen mit. Sie saßen immer in einer Ecke beisammen. Dann wurden sie von der kroatischen Nationalgarde verhört. Man nahm ihnen ihre Waffen ab. Später haben sie alles verraten, was sie von uns wußten.«

»Als wir dann endlich aus dem Bunker ins Freie kamen, fiel die Kleine hin, denn vorher war ja alles abgeschlossen und dunkel gewesen, wir hatten kein Licht, nichts, nur die Leuchten und

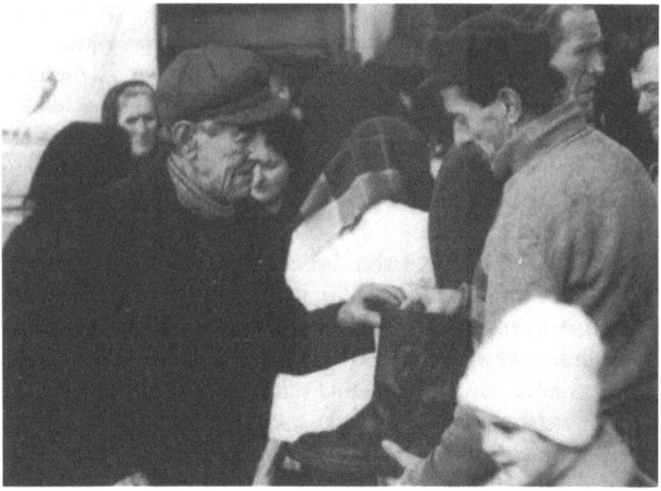

Kroatische Flüchtlinge

Kerzen. Den Kleinen und die kleine Tochter trug mein Mann, unsere große Tochter fiel hin. Mir war sehr schlecht, als wir an die Luft kamen, alles war so anders. Alle Leute fielen hin, sie konnten nicht gehen, es war ja vorher alles dunkel gewesen. Irgendwie ging's dann. Ich dachte, ich würde es nicht bis zum Krankenhaus schaffen. Aber ich kam irgendwie dorthin und fiel erst dann in Ohnmacht. Unser Haus ist zerstört und verbrannt. Wir haben es gesehen, als wir daran vorbeigefahren sind. Es war ganz eingestürzt. Es hatte kein Dach mehr, nichts.«

Was wird jetzt aus Vukovar? »Ich glaube, es wird alles wieder in Ordnung kommen, sie werden uns helfen beim Wiederaufbau«, meint Valerija voller Hoffnung. »Auch wenn ich dort in einem Schuppen wohnen muß – nur mir soll er gehören. Ich will nicht immer irgendwo auf der Flucht sein. Ich will nur, daß Vukovar wieder aufgebaut wird, daß Frieden ist, daß ich nach Vukovar zurückgehen kann. Dort bin ich geboren, dort bin ich aufgewachsen, dort sind auch meine Kinder geboren. Die Mädchen werden zunächst mal hier in Zagreb in die Schule gehen. Die Schule ist in der Nähe, aber sie müssen über eine große Straßenkreuzung. Ich werde sie jeden Tag in die Schule bringen, weil ich große Angst habe, daß ihnen etwas passiert. Meine Kinder sind nachdenklich und traurig geworden. Im Bunker in Vukovar haben sie immer gefragt: ›Mutti, werden wir hier rauskommen? Wird das aufhören?‹ Sie konnten nicht spielen, es war dunkel. Ich habe ihnen gesagt, sie sollen sich hinlegen. Dann hatten sie Hunger. So haben wir die Tage dort verbracht.«

Nach allem, was sie in Vukovar erlebt hat, hat die Kroatin Valerija Angst, auf die Straße zu gehen. Sie traut niemandem mehr. In Vukovar hat sie einen Freund aus der Schule gesehen, der Kroaten mit dem Messer abschlachtete. Inzwischen weiß sie, daß auch ihr Mann brutal ermordet wurde. »Ich kann einfach kein Vertrauen mehr haben.«

13. Vom Friedensstifter zum Besatzer: Die Jugoslawische Armee

Das Dorf Palača südlich von Osijek wird durch die Bahnlinie von Laslovo, einem anderen Dorf, getrennt. Früher lebten in beiden Orten Serben und Kroaten friedlich Haus an Haus. In Palača waren die Serben in der Mehrheit, in Laslovo (ungarisch Laszlovo geschrieben) Ungarn und Kroaten. Als wir im August 1991 in diese Gegend kommen, ist auch hier der Krieg ausgebrochen. In Palača haben sich die Serben verschanzt, in Laslovo befinden sich die Stellungen der Kroaten. Seit drei Wochen beschießen sich die ehemaligen Nachbarn mit Kugeln und Granaten. Seit drei Wochen stehen auf der einen Seite die Panzer der Jugoslawischen Armee, auf der anderen Seite die Soldaten der kroatischen Nationalgarde.

Als »Puffer« zwischen Kroaten und Serben soll die Panzereinheit fungieren, die nach Palača eingerückt ist, sagt uns der zuständige Armeesprecher der Kaserne von Osijek. Die Armee sehe ihre Aufgabe darin, in dem »Bürgerkrieg« zwischen Serben und Kroaten zu vermitteln. »Die Armee bedroht in Kroatien niemanden mit ihrer Anwesenheit«, meint der Presseoffizier. »Im Gegenteil – wir haben nichts gegen die kroatische Regierung oder die Unabhängigkeit Kroatiens. Aber die Unabhängigkeit muß durch politischen Dialog und ohne einseitige Akte oder Gewalt realisiert werden.« Daß diese offizielle Erklärung nichts mit der Realität zu tun hat, erfahren wir wenig später in Palača.

Bis zur Bahnlinie mitten im Dorf sollen wir fahren und dort darauf warten, daß uns der kommandierende Offizier abholt, hatte uns der Presseoffizier in Osijek erklärt. Er werde dort Bescheid geben, damit wir Panzer und Soldaten ungehindert filmen könnten. Um nach Palača zu gelangen, müssen wir von der Hauptstraße, die von Osijek nach Vinkovci führt, links abbiegen und erst einmal durch Laslovo fahren. Der Ort besteht aus ein paar Dutzend Häusern. Die Hauptstraße ist menschenleer, nur einen kroatischen Nationalgardisten auf einem klapprigen Fahrrad sehen wir. Wir fahren vorsichtig durch das Dorf, wo noch in der Nacht die Geschosse der Serben aus Palača eingeschlagen waren. Die Spuren

Frontabschnitt bei Vinkovci

sind überall sichtbar. Doch niemand hält uns an und kontrolliert uns, ungehindert gelangen wir ans Dorfende, wo nach einer Straßenbiegung Bahngleise den Weg kreuzen. Sie stellen die Grenze zwischen kroatisch und serbisch kontrolliertem Territorium dar. Eigentlich sollte hier, am Ortseingang von Palača, unserer Abmachung mit der Armee zufolge, ein Offizier auf uns warten. Weit und breit jedoch keine Menschenseele. Die Panzer mitten auf der Dorfstraße von Palača, aber kein Offizier oder Soldat, der uns erwartet. Vorsichtshalber bleiben wir im Auto in Sichtweite der Panzer. Nach einiger Zeit kommt nicht etwa ein Armeeoffizier zu unserem Wagen, sondern einer der serbischen Einwohner von Palača – der Bürgermeister, wie sich wenig später herausstellt. Als wir ihm von unserer Abmachung mit der Armee erzählen, meint er, sämtliche Absprachen mit dem Kommandanten von Osijek hätten hier keine Gültigkeit. »In Palača bestimme ich«, erklärt er uns. Alles, was wir sehen und drehen wollten, müßten wir mit ihm absprechen. Er führt uns in eines der Häuser. Armeesoldaten sitzen davor und putzen ihre Gewehre. Kaffee, Eis und Schnaps bietet er uns an und erzählt währenddessen, wie die Lage ist in seinem Dorf. »Wir erwarten jeden Augenblick einen Angriff der Kroaten«, meint er. »Sie haben uns schon ein paarmal attackiert. Im Fernsehen sagen sie dann, wir Serben wären es gewesen. Das kroatische Fernsehen lügt.« In dem Teil von Palača, wo die Panzer der Armee stehen, sind nur die serbischen Männer geblieben – Frauen und Kinder haben sie in Sicherheit gebracht, erzählt der Bürgermeister. Mit einer neugegründeten sogenannten serbischen Selbstverteidigung wolle man sich gegen die Kroaten wehren. Daß die Panzer der Jugoslawischen Armee auf der Seite der Serben und nicht bei den Kroaten stehen, ist kein Zufall. Die Serben fühlen sich von der Armee geschützt, erklärt uns der Bürgermeister. Das Verhältnis zwischen den serbischen Verteidigern und den Armeesoldaten ist freundlich, richtig kameradschaftlich. Man wohnt zusammen, man putzt gemeinsam die Waffen – und man schießt zusammen auf die Kroaten. Daraus macht in Palača keiner einen Hehl.

Schließlich läßt der Bürgermeister den kommandierenden Offizier herbeiholen. Uns habe hier niemand angemeldet, meint der und bestätigt dann die Worte des Bürgermeisters: »Hier gelten sowieso andere Regeln.« Mit den Einwohnern, die noch hiergeblieben seien, habe man ein gutes Verhältnis, da gebe es keinerlei Probleme. »Wir sind nur hier, um weiteres Blutvergießen zu verhindern«, wiederholt der Offizier den offiziellen Standpunkt der Armee. Die Dreherlaubnis erteilt uns dann schließlich der Bürgermeister, der uns auch die Dorfstraße entlang führt. Kurz vor der Bahnlinie, nahe den kroatischen Stellungen, stehen zerschossene und ausgebrannte Häuser – die Folgen der Kämpfe der letzten drei Wochen. Ein paar hundert Meter von der Bahnlinie entfernt sind zwei Häuser geplündert. Das seien die Wohnungen von serbischen Familien, erklärt der Bürgermeister, der uns durch die völlig verwüsteten Räume führt. Kroaten hätten sie geplündert, bevor man sie aus dem Dorf vertrieben hätte. Ob es wirklich serbische Wohnungen sind oder vielleicht doch kroatische? Beantworten können wir die Frage nicht, wie so viele Fragen, die in diesem Krieg offenbleiben.

Eines haben wir jedoch bei unserem Besuch im Dorf Palača gesehen: Die Armee ist nicht der Friedensstifter, der sie zu sein vorgibt. Trotz aller Beteuerungen, sie wolle ohne Partei zu beziehen die kämpfenden Serben und Kroaten auseinanderbringen, hat sie ganz eindeutig Stellung bezogen. Sie unterstützt die serbischen Kämpfer. Aus dem »Bürgerkrieg« in Kroatien, von dem die Jugoslawische Armee und auch die serbische Regierung immer sprechen, ist ein Krieg von Serben und Armee gegen Kroaten geworden, dessen Ziel im Laufe der Wochen und Monate sich immer deutlicher abzeichnete: Land zu erobern für einen serbischen Staat, in dem sich die ehemalige Jugoslawische Volksarmee zu Hause fühlen kann. Die Ereignisse in Bosnien-Herzegowina machen dies endgültig klar.

Noch bis zum Mai 1991 hatte alles ganz anders ausgesehen. Nach gewalttätigen Auseinandersetzungen zwischen Serben und Kroaten in mehreren Teilen Kroatiens schien die kroatische Führung die Anwesenheit der Armee als notwendiges Übel zu dulden, da sie mit ihrer Miliz und Nationalgarde nicht mehr in der Lage war, die kämpfenden Serben und Kroaten zu trennen. Spätestens aber, als das jugoslawische Staatspräsidium Anfang Mai 1991 die Jugoslawische Volksarmee ermächtigte, nach eigenem Ermessen in die Nationalitätenkonflikte einzugreifen, machte sich bei den Kroaten die Sorge breit, die Armee könnte eigenmächtig handeln und sich auf die Seite der Serben schlagen.

Der weitere Verlauf des Krieges in Kroatien gab diesen Befürchtungen recht. Mitte Juli, nach dem Ende des Krieges in Slowenien, rief die regierende Sozialistische Partei Serbiens die Jugoslawische Armee auf, das »serbische Volk in Kroatien gegen den brutalen Angriff der Kroaten zu schützen«. Kroatien wurde beschuldigt, es wolle »systematisch das serbische Volk vernichten«. Die Zusicherung des damaligen jugoslawischen Verteidigungsministers Veljko Kadijević, die Armee werde Kroatien nicht angreifen, galt nicht mehr. Wenig später begannen Panzereinheiten der Jugoslawischen Armee mit der Offensive in Ostslawonien. Gleichzeitig gestand der damalige jugoslawische Ministerpräsident Ante Marković ein, er habe vergeblich versucht, auf die Armeeführung Einfluß zu nehmen. Er habe keine Macht mehr über die Armee. Die Aufforderung des Kroaten Stipe Mesić, der als jugoslawisches Staatsoberhaupt auch Oberbefehlshaber der Armee war, die Armee solle nicht mehr an den Kriegshandlungen teilnehmen, verhallte ungehört – genauso wie all seine Befehle zuvor. Daß die Armee sich an die Anweisungen der jugoslawischen Führung nicht mehr hielt, sondern im Gegenteil die Bundesregierung unter Druck setzte, zeigte kurz darauf ein Fernsehauftritt von Verteidigungsminister Kadijević. Das Staatspräsidium oder »das, was sich die Führung Jugoslawiens nennt«, solle sofort mit Gesprächen über die Zukunft des Landes beginnen, befahl er und setzte eine Frist bis zum 15. August. Als das Ultimatum nicht fruchtete, setzte die Armee ihre Angriffe in Kroatien weiter fort.

Die Politiker Jugoslawiens waren nicht in der Lage, die Krise im Land zu bewältigen. Und während sie erfolglos verhandelten, führte die Jugoslawische Armee weiter Krieg, ohne daß ihr Einhalt geboten wurde. Mitte September setzten sich lange Militärkolonnen in Richtung auf die kroatischen Küstenstädte Zadar, Split und Šibenik in Bewegung – als Antwort auf die Blockade von Armeekasernen durch die kroatische Nationalgarde. Die Kroaten hatten den auf ihrem Territorium liegenden Kasernen der Jugoslawischen Armee Strom, Wasser und Nachschub abgeschnitten, um so der weiteren Besatzung ihres Landes wenigstens auf diesem Weg Einhalt zu gebieten. Mit den Blockaden von Armeekasernen habe die Regierung Kroatiens der Jugoslawischen Volksarmee den Krieg erklärt, meinte einer der kommandierenden Generäle. Zum ersten Mal hatte ein hochrangiger Vertreter der Jugoslawischen Armee Position bezogen. Der »Krieg zwischen Kroatien und der Armee«, wie es die Belgrader Zeitung Borba nannte, trat offen zutage.

Daß die Jugoslawische Armee gar kein unparteiischer Friedensstifter sein konnte, ergibt sich schon aus ihrem Selbstverständnis. Seit ihrer Gründung 1945 galt sie in Titos Jugoslawien getreu der Losung der Partisanen als »Schmiede von Brüderlichkeit und Einheit«. Im neuen kommunistischen Staat wurde sie schnell zu

Stellung der Jugoslawischen Armee vor Dubrovnik

einem wichtigen Machtfaktor. Nicht umsonst galt die Armee als »siebte Republik« Jugoslawiens, deren Aufgabe es laut jugoslawischer Verfassung war, die gesellschaftliche Ordnung der Sozialistischen Föderativen Republik Jugoslawien zu schützen und »Jugoslawiens eigenen Weg zum Sozialismus« zu sichern. Slowenen und Kroaten, die eben diesen Weg zum Sozialismus verworfen hatten und darüber hinaus eine Auflösung der Föderation Jugoslawien anstrebten, mußten also für die Jugoslawische Armee zum Feind werden, da sie ihre Aufgabe in erster Linie darin sah, den Bundesstaat Jugoslawien in der bestehenden Form zu erhalten.

Als sich im Januar 1991 nach dem Auszug der slowenischen Delegation auf dem Parteitag des Bundes der Kommunisten Jugoslawiens die Auflösung der kommunistischen Partei abzeichnete, versuchten die jugoslawische Bundesregierung und die Armeeführung dies zu verhindern. »Der Sozialismus in Jugoslawien ist weder am Ende noch in die Knie gegangen«, heißt es in einem internen Papier der politischen Abteilung des jugoslawischen Verteidigungsministeriums, das an die Soldaten und Offiziere der Armee gerichtet ist. Der Westen habe es zwar fertiggebracht, den kommunistischen Ideen und dem sozialistischen Weg in mehreren Ländern Europas zu schaden, kann man weiter lesen, aber noch sei das Endziel nicht erreicht. »Was unser Land betrifft, so hat der Westen eingesehen, daß die jugoslawische Idee und die Entscheidung für den Sozialismus viel tiefere Wurzeln hat, als man dort angenommen hat. Deshalb können wir jetzt von dort neue Methoden und noch heftigere Attacken erwarten.« Dem negativen Einfluß des Westens und der Verbreitung »demagogischer«, vom Westen gesteuerter Demokratie soll laut dem Instruktionsschreiben eine Nachfolgeorganisation der kommunistischen Partei mit dem Namen »Bund der Kommunisten – Bewegung für Jugoslawien« Einhalt gebieten. »Wir müssen alles dafür tun, daß der ›Bund der Kommunisten – Bewegung für Jugoslawien‹ in den nächsten fünf oder sechs Monaten zur größten politischen Kraft auf jugoslawischem Territorium wird«, lautet der Appell an die Soldaten und Offiziere der Jugoslawischen Armee. Und der Grund, warum die neue Partei besonders für die Armee so wichtig ist, wird auch sogleich genannt: »Die Existenz einer solchen sozialistisch orientierten Partei ist Bedingung für die Existenz des Bundesstaates Jugoslawien und für die Einheit und Integrität der Armee.«

Den Bundesstaat Jugoslawien mit seiner kommunistischen Struktur wollte die Jugoslawische Armee mit aller Gewalt erhalten – denn nur er garantierte die Wahrung der Privilegien und der Macht, die sie seit ihrer Gründung innehatte. Bereits unter Tito genoß die Armee große Autonomie. Außer vom Staatspräsidenten, also Tito selbst, wurde sie praktisch von keiner politischen Instanz kontrolliert. Umgekehrt überwachte sie jedoch mit Hilfe des Geheimdienstes KOS nicht nur »Feinde von außen«, sondern auch die »inneren Feinde«, die Oppositionellen und politisch Andersdenkenden in Jugoslawien. In diesem Sinne hatte die Ausbildung von Wehrpflichtigen nicht nur militärische, sondern auch wichtige politische Funktion: Anfang 1990 waren 96 % der Armeeoffiziere Mitglieder der kommunistischen Partei, die Armee also eine bedeutende Kaderschmiede zur Indoktrination besonders der jungen Männer Jugoslawiens. Neben ihrem starken politischen Einfluß verfügte die Armee innerhalb Jugoslawiens auch wirtschaftlich über eine mächtige Position. Sie kontrollierte die gesamte Militärindustrie des Landes, die recht eigenständig und gut entwickelt war, da Jugoslawien weder dem Militärbündnis des Warschauer Paktes noch der NATO angehörte und sich zu großen Teilen selbst mit Waffen, Munition und Gerät versorgte. Nicht zuletzt deshalb war ihr ein beträchtlicher Anteil des jugoslawischen Bundeshaushaltes sicher. Für das Jahr 1992 sollten 81 % der Gelder aus der jugoslawischen Bundeskasse an die Armee gehen, die hauptsächlich aus den Zolleinnahmen der verschiedenen Republiken stammten. Der Austritt von vier Republiken aus dem jugoslawischen Bundesstaat bedeutete also gerade für die Jugoslawische Armee schwere finanzielle Einbußen.

Der Verfassungsauftrag der Jugoslawischen Armee, die Einheit und politische Struktur Jugoslawiens zu wahren, deckte sich mit ihren eigenen Interessen. Eine andere Aufgabe, die ihr die jugoslawische Verfassung von 1974 ebenfalls erteilte, erfüllte sie jedoch nicht: die Gleichberechtigung der Angehörigen der unterschiedlichen Nationen und Nationalitäten Jugoslawiens. »In bezug auf die Zusammensetzung des Führungskaders und der Ernennungen zu höheren Kommandeuren und Führungsposten in der Jugoslawischen Volksarmee wird der Grundsatz möglichst proportioneller Vertretung der Republiken und autonomen Provinzen beobachtet«, steht dort im Artikel 242. Tatsächlich hatten die Serben in der Armee jedoch einen überproportional großen Teil der Führungspositionen inne. Nach den letzten offiziellen Statistiken waren 60 % der Armeeoffiziere und 50 % der Generäle Serben, obwohl der Anteil der serbischen Bevölkerung in Jugoslawien nur 36 % ausmacht. Nach den Unabhängigkeitserklärungen von Slowenien, Kroatien und später von Mazedonien und Bosnien-Herzegowina wurde die ehemalige Jugoslawische »Volks«armee immer mehr zu einer reinen Serbenarmee.

Auch das ist ein Grund dafür, daß die Jugoslawische Armee nicht für die Interessen der »Völker Jugoslawiens« eintrat, wie sie immer vorgab, sondern im Grunde genommen nur für die serbische Sache kämpfte. Die serbischen Politiker, so hofften die Be-

Abzug des letzten Panzerverbandes der Jugoslawischen Armee aus Zagreb

fehlshaber der Armee, würden den riesigen Militärapparat zum eigenen Machterhalt weiter finanzieren. Mittlerweile mußte die Jugoslawische Armee nicht nur aus Slowenien, sondern auch aus den Kasernen in Kroatien und Mazedonien und teilweise aus Bosnien-Herzegowina abziehen. In Bosnien-Herzegowina war sie zur unerwünschten Besatzungsmacht geworden, spätestens seit der Ausrufung eines neuen Jugoslawien im April 1992, dessen Territorium sich auf Serbien und Montenegro beschränkt. Daß aber die Bevölkerung dieser beiden Republiken, die etwas über zehn Mio. Menschen ausmacht, unmöglich eine Armee finanzieren kann, die ursprünglich für 23 Mio. Menschen gedacht war, liegt auf der Hand. Es wird nicht mehr lange dauern, und auch die Serben und Montenegriner stellen Sinn und Zweck einer solchen Mammutarmee in Frage.

Ihre Rolle als Friedensstifter hat die Jugoslawische Armee von Anfang an mißbraucht. Denn Frieden bedeutete für sie einzig und allein die Bewahrung der alten Strukturen um jeden Preis. Das haben vor allem ausländische Politiker viel zu spät erkannt. Mittlerweile ist die ehemalige Volksarmee zur Besatzungsmacht geworden. Und auch in Zukunft wird sie für sämtliche Republiken des ehemaligen Jugoslawien ein gefährlicher Unsicherheitsfaktor bleiben.

14. Die hilflosen Helfer

»Unsere Arbeit hier ist härter als der ganze Krieg bisher«, sagt der kanadische Offizier der UNO-Einheit, die im April 1992 als erste die Friedensmission in Kroatien aufgenommen hat. Unterkünfte und Versorgung für die nachrückenden UNO-Soldaten soll sie sicherstellen und Verhandlungen mit der kroatischen Nationalgarde und der Jugoslawischen Armee über den Abzug aus den Kriegsgebieten führen, die in Zukunft von der UNO kontrolliert werden sollen. Bereits drei Wochen nach ihrer Ankunft machen sich die UNO-Soldaten keine Illusionen. Ihre Aufgabe ist schwer, fast unlösbar: einen Frieden zu überwachen, den es nicht gibt. Die kanadische Einheit mußte als erste mit der Situation in Kroatien fertig werden, mit dem chaotischen Frontenverlauf, den unzuverlässigen Zusagen der Militärs beider Seiten, der Unberechenbarkeit der paramilitärischen Verbände und den enormen Hoffnungen und Erwartungen, die trotzdem alle in die UNO-Mission setzen. Der Friedensplan der UNO mit dem Namen »Operation Harmony« sieht die Schaffung von vier sogenannten »geschützten Zonen« (»United Nations Protected Areas«) vor: in Ostslawonien, Westslawonien, der nördlichen und der südlichen Krajina. Diese Zonen decken sich bei weitem nicht mit dem gesamten Kriegsgebiet in Kroatien, in vielen Regionen stehen sich die kämpfenden Parteien auch weiterhin ohne die Vermittlung von UNO-Soldaten gegenüber. Mit den ihr zur Verfügung stehenden Mitteln versuchen die Vereinten Nationen jedoch, zumindest die Gebiete unter ihre Kontrolle zu bringen, in denen besonders die Zivilbevölkerung am härtesten von den Kämpfen zwischen Jugoslawischer Armee, serbischen Verbänden und kroatischer Nationalgarde betroffen ist. »Ob wir in ganz Kroatien und dann vielleicht auch noch in Bosnien-Herzegowina Frieden schaffen können, das weiß heute keiner zu sagen«, meint der kanadische Offizier. »Auf jeden Fall wird es Jahre dauern, auch wenn unsere Mission zunächst nur auf sechs Monate ausgerichtet ist. Für mich wäre es schon ein Erfolg, wenn wir wenigstens den Bewohnern der Städte und Dörfer, wo wir stationiert sind, den Frieden bringen. Sie haben in diesem Krieg so viel Schreckliches mitgemacht. Wenn wir nur ein paar tausend Menschen helfen könnten, wäre ich schon glücklich.«

In dem kleinen Städtchen Daruvar in Westslawonien haben die Artilleriegefechte und Schießereien nachgelassen, seit die kanadischen UNO-Soldaten, insgesamt etwa 3700, dort stationiert sind. Die kroatische Nationalgarde hat sich fast völlig aus der Stadt zurückgezogen, serbische Verbände und Jugoslawische Armee beschränken ihre Angriffe jetzt auf die Nachbarorte 20 oder 30 Kilometer weiter. In Daruvar trauen sich die Menschen wieder aus den Schutzkellern, sie sitzen in den Straßencafés in der Frühlingssonne, genauso wie die UNO-Soldaten, die gerade ihren freien Tag haben. Sogar einen Markt gibt es wieder im Stadtzentrum. Zum ersten Mal seit vielen Wochen ist in Daruvar so etwas wie Normalität und Alltag zu spüren. Nur die zerschossenen und ausgebrannten Häuser überall in der Stadt erinnern daran, daß der Krieg in nächster Nähe weiter lauert. Die UNO-Soldaten mit ihren blauen Mützen und westlichen akkuraten Uniformen verleihen den Menschen in Daruvar jedoch zumindest das Gefühl von Sicherheit. »Wir sind froh, daß jetzt die Soldaten von der UNO in unserer Stadt sind«, meint eine alte Frau. »Wenigstens bei uns haben die Schießereien aufgehört, wir schlafen ein wenig ruhiger. Sonst wurde ständig auf uns geschossen. Wir hoffen, daß sie uns den Frieden bringen.«

Wie mühsam und gefährlich die Arbeit der UNO-Einheiten ist, erklären uns kurz darauf einige Offiziere, die speziell für diesen Einsatz auf das Suchen und Entschärfen von Minen trainiert wurden. Viele der insgesamt 14000 UNO-Soldaten sind in ehemaligen Kasernen der Jugoslawischen Volksarmee untergebracht. Doch diese Unterkünfte müssen erst genau untersucht werden; allein sie zu betreten, ist oftmals lebensgefährlich. Ende 1991 hat die Jugoslawische Armee ihre letzten Stützpunkte in Kroatien geräumt. Bevor sie abzog, verminte sie sowohl die Gebäude vieler Kasernen als auch das umliegende Gelände, damit die kroatische Nationalgarde sie nicht nutzen konnte. In Daruvar bombte die Armee ihr eigenes Munitionsdepot kurzerhand aus. Zwölf Armeesoldaten, die den Auftrag hatten, das Lager bis zuletzt gegen kroatische Angriffe zu verteidigen, wurden dabei gnadenlos mit in die Luft gejagt. Die Sprengstoffspezialisten der UNO zeigen uns den Krater, den die Bombe gerissen hat, die die Kampfflugzeuge über dem Hauptlager abwarfen. Er ist so groß wie ein Fußballfeld. Das Gelände des ehemaligen Armeedepots hat man den UNO-Truppen als Materiallager und Fahrzeugdepot angeboten. Aber noch ist es vollgestopft mit Minen und anderen hochexplosiven Waffen und Sprengkörpern. Links und rechts des Weges durch das Areal ist der Wald abgesperrt. Überall große rote Warnschilder und besondere Markierungen dort, wo scharfe Granaten und Raketen vergraben wurden. Der Offizier am Steuer des UN-Jeeps, in dem wir sitzen, fährt im Schrittempo, den Blick aufmerksam auf die Fahrbahn vor sich gerichtet. Den Weg hätten seine Leute zwar inzwischen geräumt, meint er, aber man wisse nie. Und dann erzählt er, daß nur wenige Tage zuvor ein UNO-Soldat beinahe ums Leben gekommen sei, als er bei einer Fahrt durch ähnliches Gelände beim Aussteigen fast den Draht einer Sprengfalle berührt hätte, der am Straßenrand gespannt und mit einer Mine verbunden war.

»Dieser Krieg ist besonders schlimm, denn nicht einmal die elementarsten Regeln werden beachtet«, sagen die Sprengstoffexperten der UNO. Der Umgang mit Minen ist ein besonders schlimmes Kapitel. Fünf Millionen Minen seien mittlerweile in ganz Kroatien gelegt, schätzen sie. Normalerweise benutzt man Minenfelder, um den Feind abzuschrecken. Man kennzeichnet sie und registriert sie auf speziellen Karten, um die Minen später wieder auszugraben. In Kroatien werden Minen jedoch dazu benutzt, um Fallen zu bauen und so Menschen umzubringen. Alle Seiten, so scheint es, haben sich diese brutale Methode mittlerweile zu eigen gemacht: die Jugoslawische Armee, die kroatische Nationalgarde, ja sogar Hausbesitzer legen Minen, bevor sie auf der Flucht vor dem Krieg ihr Eigentum zurücklassen. Und genauso wie fast jeder im ehemaligen Jugoslawien Waffen besorgen kann, hat auch jeder die Möglichkeit, sich bei Bedarf Minen zu beschaffen. Also sind ganze Landstriche Kroatiens mittlerweile auf unbe-

EG-Beobachter in Turanj

stimmte Zeit, zumindest aber für die nächsten Jahrzehnte unbewohnbar geworden, weil sie mit Minen regelrecht verseucht wurden. »In diesem Krieg denkt kaum einer an die Zeit danach«, meinen die UNO-Offiziere. Schon der Beginn ihrer Friedensmission läßt erahnen, welche Schwierigkeiten in Zukunft auf sie warten.

Mehr als ein Jahr nach Ausbruch des Krieges im ehemaligen Jugoslawien versuchen die Europäische Gemeinschaft und die Vereinten Nationen massiv auf die Ereignisse dort Einfluß zu nehmen. Doch bis jetzt hinkten sämtliche Maßnahmen der Kriegsentwicklung hinterher. Gerade hatten die Vereinten Nationen ihre Soldaten in Kroatien stationiert, da begann der Krieg in der Nachbarrepublik Bosnien-Herzegowina. Gerade war das UNO-Hauptquartier in der Hauptstadt von Bosnien-Herzegowina eingerichtet worden, da mußte es auch schon wieder aufgelöst werden, weil die UNO-Soldaten wegen der anhaltenden schweren Kämpfe die meiste Zeit in Schutzkellern verbrachten und noch nicht einmal in die Gebiete vordringen konnten, wo sie laut Auftrag den »Frieden bewahren« sollten. Welchen Frieden?

Auch die Beobachter der Europäischen Gemeinschaft, die eigentlich mithelfen sollen, den Krieg in Kroatien und Bosnien-Herzegowina zu beenden, wurden oft genug zu Opfern ebendieses

Krieges. »Eisverkäufer« nennt sie der Volksmund wegen ihrer weißen Uniform, die sie vor Angriffen sämtlicher Seiten schützen sollen. Aber genauso wie Ärzte, Sanitäter oder auch Journalisten müssen sie jederzeit damit rechnen, daß sich keiner an internationale Regelungen oder andere Abmachungen hält, sie im Gegenteil vielleicht sogar gezielt unter Beschuß genommen werden. »Meine Truppen dulden keine ausländischen Beobachter«, meinte der Tschetnikführer Vojslav Šešelj im August 1991 und kündigte an, er werde gegen jede Einmischung aus dem Ausland vorgehen – also auch gegen die Beobachter der EG. »Wir Serben werden uns nicht von der Europäischen Gemeinschaft erpressen lassen, von diesen Hochstaplern«, erklärte er zwei Monate später im Parlament in Belgrad. »Wir werden uns männlich verteidigen und alle Provokationen abwehren.« Auch die UNO-Truppen sind nach der Auffassung von Vojislav Šešelj ungebetene Eindringlinge. »Wir werden sie heftig bekämpfen. Sie werden vor uns nirgendwo sicher sein.« Eine Drohung, die er auch in den Monaten danach mehrmals bekräftigte.

Zweimal schon mußten die Beobachter der Europäischen Gemeinschaft ihre Mission aussetzen: einmal in Kroatien im Januar 1992 nach dem Abschuß eines ihrer Hubschrauber durch ein Kampfflugzeug der Jugoslawischen Armee. Zum ersten Mal waren damit Beobachter der Europäischen Gemeinschaft im Krieg in Kroatien ums Leben gekommen, vier Italiener und ein Franzose. Eine Rakete traf ihren Hubschrauber in der Mitte und schoß ihn in Flammen. Ein zweiter EG-Hubschrauber konnte den Raketen gerade noch ausweichen und notlanden. Der Flug der beiden EG-Hubschrauber sei nicht angemeldet gewesen, versuchten sich das jugoslawische Verteidigungsministerium und die Jugoslawische Armee später herauszureden. Trotzdem: der Oberbefehlshaber der Luftwaffe wurde vom Dienst suspendiert, Verteidigungsminister Kadijevič mußte zurücktreten.

Zum zweiten Mal mußten die EG-Beobachter ihre Mission in der Republik Bosnien-Herzegowina aufgeben, als dort im Frühsommer 1992 die Kämpfe zwischen serbischen Verbänden und Jugoslawischer Armee auf der einen Seite und Kroaten und Moslems auf der anderen Seite immer mehr eskalierten. »Die Lage in Bosnien-Herzegowina wird immer schlimmer«, meinte der Sprecher der EG-Mission. Deshalb könnten die Vertreter der EG ihren Auftrag nicht mehr erfüllen. Als ein belgischer Beobachter bei einem Armeeangriff in Mostar ums Leben kam, verließen die EG-Beobachter Bosnien-Herzegowina.

Ihre Arbeit ist ohnehin gefährlich. Dies ist sicherlich ein Grund, weswegen viele von ihnen Berufssoldaten sind, ein anderer Teil besteht aus Diplomaten. Bei ihren Erkundungsgesprächen und Verhandlungen zwischen den kämpfenden Parteien müssen die EG-Emissäre häufig die Fronten wechseln – und schon häufig waren sie in Gefahr. Bereits im August 1991 wurde zum ersten Mal 90 km südöstlich von Zagreb ein EG-Hubschrauber beschossen – trotz deutlicher Kennzeichnung mit weißem Anstrich und EG-Emblem. Von wem, ist bis heute nicht klar. Der Helikopter konnte nach drei Treffern gerade noch notlanden. Vier Wochen später folgte der nächste Zwischenfall: Ein Hubschrauber der Jugoslawischen Armee auf EG-Mission wurde unter Feuer genommen. An Bord: EG-Sonderbotschafter Wijnaendts. Auch dieser Hubschrauber konnte notlanden, auch dieser Vorfall ist bisher ungeklärt. Man vermutet jedoch, daß die Schüsse in diesem Fall von kroatischer Seite kamen. Im Oktober 1991 wurden EG-Beobachter beschossen, als sie einen Hilfskonvoi der internationalen Hilfsorganisation »Ärzte ohne Grenzen« in die belagerte Stadt Vukovar begleiten wollten. Zusammen mit ihnen gerieten auch Ärzte, Krankenschwestern, Sanitäter und Journalisten unter Beschuß. Immer wieder mußten sich die EG-Vertreter bei ihrer Mission in Lebensgefahr begeben – die Unzuverlässigkeit sämtlicher Waffenstillstandsabkommen, die im Laufe des Krieges geschlossen wurden und an die sich niemand wirklich hielt, wurde oft auch ihnen zum Verhängnis. Die, die helfen sollten und wollten, kamen regelmäßig selbst in die Schußlinie.

Die Hilflosigkeit der Helfer von EG und UNO an den verschiedenen Kriegsfronten wurde nicht zuletzt durch mehrere schwere Fehler bei den Verhandlungen mit den kämpfenden Parteien verschuldet. Viel zu lange blieben sämtliche Vermittlungsversuche auf den europäischen Rahmen beschränkt, wobei den Politikern der einzelnen Staaten Europas nichts Besseres einfiel, als Serben und Kroaten gegenüber die gleichen Positionen zu beziehen, die sie im Laufe der Geschichte, besonders während des Zweiten Weltkriegs, innehatten. Somit bildeten sich Allianzen zwischen Briten, Franzosen und Holländern auf der einen Seite, Deutschen, Italienern und Österreichern auf der anderen Seite. Als man sich dann nach langen Diskussionen endlich entschloß, die Unabhängigkeit der ehemaligen jugoslawischen Republiken anzuerkennen und somit auch ein Eingreifen von UNO-Friedenstruppen zu ermöglichen, war es schon zu spät. Während die EG unzählige Verhandlungsrunden, Vermittlungsgespräche, Friedenskonferenzen mit immer den gleichen Pressekonferenzen abhielt, nutzte die Jugoslawische Armee die Zeit – und führte ihren Eroberungskrieg in Kroatien und Bosnien-Herzegowina unbeirrt weiter. Von den zahlreichen Waffenstillstandsabkommen, die im Laufe der Monate geschlossen wurden, ließ sie sich in keiner Weise stören. Bis zum Eintreffen der UNO-Friedenstruppen hatte sie ein Drittel des kroatischen Territoriums besetzt. In Bosnien-Herzegowina war es ihr weitgehend gelungen, zusammen mit den serbischen Verbänden die Siedlungsgebiete der Serben im Westen mit denen im Osten und Süden der Republik zu verbinden. Dazu hatte sie zahlreiche kroatische und moslemische Ortschaften besetzt. Viel zu spät erkannten die Vermittler aus dem Ausland, daß die Jugoslawische Armee im eigenen Land kein Friedensstifter sein kann: Sie kämpft ausschließlich für ihre Interessen – für einen möglichst großen, serbisch dominierten Staat, der ihr die alten Rechte garantiert. Der Sonderbotschafter der Vereinten Nationen Cyrus Vance mußte erst in die von ununterbrochenen Armeeangriffen gebeutelte Stadt Osijek in Ostslawonien reisen, um dies endgültig zu erkennen – aber das war erst im Dezember 1991. »Ich bin froh, alles hier gesehen zu haben«, sagte der sonst so vorsichtige Berufsdiplomat nach seinem Besuch in Osijek ganz offensichtlich empört und verärgert. »Das hier widerspricht den Darstellungen, die mir in Belgrad gegeben wurden.« Nachdem er die zerstörte Kathedrale von Osijek gesehen hatte, das zerschossene Krankenhaus und die

Weite Teile Kroatiens sind zerstört

ausgebrannten Wohnviertel, waren dem UN-Sonderbotschafter wohl ernsthafte Zweifel am Friedenswillen gekommen, den Jugoslawische Armee und serbische Regierung in Belgrad gerne zur Schau tragen. »Ich habe mit eigenen Augen gesehen, daß hier in den letzten Tagen Bomben gefallen sind – trotz des Waffenstillstands«, meinte er. Diese Erkenntnis kam zu spät. Hunderte von Menschen waren in Osijek bereits ums Leben gekommen oder verletzt worden, Tausende geflohen.

Die Europäische Gemeinschaft nahm die Jugoslawische Armee trotz allem lange als glaubwürdigen Verhandlungspartner hin und verlor so viel wertvolle Zeit und Chancen, einer Eskalation des Krieges zuvorzukommen. Den gleichen Fehler machte sie bei sämtlichen anderen Institutionen und Organen des ehemaligen Jugoslawien. Der jugoslawische Ministerpräsident Ante Marković zum Beispiel galt auch dann noch bei den Vertretern der Europäischen Gemeinschaft als wichtiger Gesprächspartner und Hoffnungsträger, als ganz offensichtlich war, daß er weder Macht noch Einfluß auf die Kriegsentwicklung hatte. Europa nahm jedoch

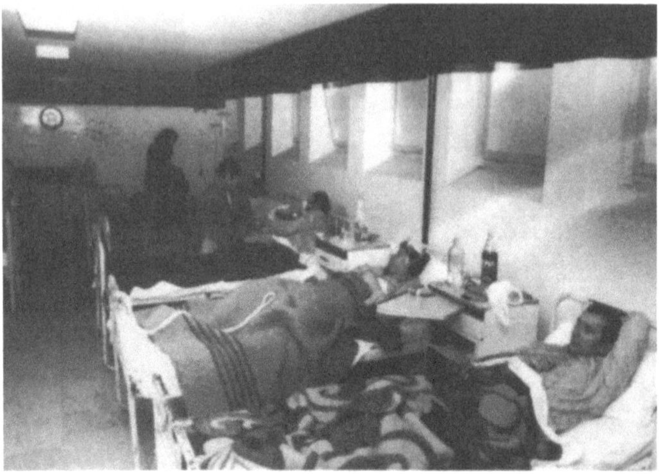

Notversorgung im Schutzkeller

weiter falsche Rücksichten. Bei den offiziellen Feiern zur Unabhängigkeitserklärung in Kroatien und Slowenien im Juni 1991 scheuten sich die EG-Staaten noch, ihre Vertreter zu schicken, aus Furcht, man könne die jugoslawische Bundesregierung in Belgrad vor den Kopf stoßen. Und auch in den Wochen danach, als in Slowenien und Kroatien bereits der Krieg begonnen hatte, klammerte sich die EG weiter an das Modell eines gesamtjugoslawischen Staates – obwohl zu diesem Zeitpunkt bereits die Unversöhnlichkeit der unterschiedlichen Standpunkte offensichtlich war. Erst Ende August, nach einem Besuch der kroatischen Städte Osijek und Vukovar, meinte der EG-Sonderbotschafter Wijnaendts, nach allem, was er dort gesehen habe, müsse man wohl doch von Krieg reden. Und im Oktober 1991 schließlich erkannte die EG auf der Friedenskonferenz in Den Haag zum ersten Mal ausdrücklich an, daß ein Auseinanderfallen Jugoslawiens nicht mehr zu vermeiden sei. Sie schlug in einem Vertragsentwurf für die Zukunft des Landes vor, den Bundesstaat Jugoslawien in einen losen Verband unabhängiger Republiken aufzulösen. Kurze Zeit später fiel die Stadt Vukovar unter dem Dauerbeschuß von Jugoslawischer Armee und serbischen Verbänden. Der EG-Vorschlag kam zu spät.

Die Möglichkeit, daß Serben und Kroaten in einer Gemeinschaft welcher Art auch immer friedlich zusammenleben könnten, war schon lange verpaßt.

Auch nach der Anerkennung von Slowenien, Kroatien und Bosnien-Herzegowina als unabhängige Staaten erkannte die internationale Staatengemeinschaft dem Rest des ehemaligen Jugoslawien die alleinige Rechtsnachfolge des zerfallenen Bundesstaates lange nicht ab. Zwar hatte eine Schiedskommission der EG festgestellt, Jugoslawien sei im Zerfall begriffen und die einzelnen Republiken seien seine Rechtsnachfolgerinnen geworden. Aber während der Verhandlungen über Waffenstillstände und Friedenslösungen konnten sich weiter Serben und die mit ihnen verbundenen Montenegriner als »Jugoslawien« ausgeben, ohne daß sie jemand daran hinderte. Damit waren auch das gesamte Vermögen des ehemaligen Jugoslawien in ihrer Hand – und, noch wichtiger, die Jugoslawische Armee. Sie konnte auf diese Weise weiter ungehindert in Kroatien und Bosnien-Herzegowina wüten und immer mehr Territorium besetzen. Erst als Serbien und Montenegro am 27. April 1992 einen neuen Staat mit dem Namen »Bundesrepublik Jugoslawien« gründeten und so versuchten, das gesamte Eigentum des auseinandergefallenen Staates mitsamt der mächtigen Armee an sich zu reißen, wachte die Weltöffentlichkeit auf. Die Europäische Gemeinschaft und die USA weigerten sich, das »neue Jugoslawien« anzuerkennen und drohten Serbien Strafmaßnahmen an. Die UNO folgte mit weiteren Sanktionen.

Die Staaten Europas und auch die USA haben zahlreiche Fehler bei ihren Vermittlungsversuchen im ehemaligen Jugoslawien gemacht; sicher auch deshalb, weil sie die Tragweite des Konflikts nicht rechtzeitig erkannt haben. Trotzdem: Für die Menschen in den Kampfgebieten bedeutet ihre Hilfe die einzige Möglichkeit, den Krieg zu beenden, in dem sich die verfeindeten Parteien so unerbittlich und grausam niedermetzeln. Denn die Politiker der Nachfolgestaaten des ehemaligen Jugoslawien sind schon lange

Hilferuf an die UNO

nicht mehr in der Lage, den Konflikt, in den sie das Land getrieben haben, aus eigener Kraft zu lösen.

Es ist vielmehr zu befürchten, daß sowohl serbische als auch kroatische Politiker nun die UNO-Friedensmission für ihre jeweiligen politischen und militärischen Ziele mißbrauchen. Die Serben wollen mit Hilfe der UNO die eroberten Gebiete in Kroatien und auch in Bosnien-Herzegowina endgültig ihrem Territorium einverleiben. Mehrere Führer von serbischen Freiwilligenverbänden und Tschetniktrupps haben bereits verkündet, ihre Einheiten würden niemals aus den Gebieten Kroatiens, die sie eingenommen haben, abziehen. Das von Serben dominierte jugoslawische Bundesparlament versuchte mit einem besonderen Coup Tatsachen zu schaffen. Im März 1992 beschloß es in einem Eilverfahren, daß die jugoslawischen Bundesgesetze genauso in den von der Jugoslawischen Armee und den serbischen Verbänden besetzten Gebieten Kroatiens gelten sollen, auch nach der Stationierung von UN-Friedenstruppen. Die Kroaten wiederum wollen, ebenfalls mit der Hilfe der UNO, ebendiese Gebiete zurückerobern. Der kroatische

Der Präsident der Republik Bosnien-Herzegowina Alia Izetbegovič beim Referendum

Präsident Tudjman erklärte, wenn die serbischen Bewaffneten und die Jugoslawische Armee bei der Ankunft der UNO-Truppen nicht abzögen oder ihre Waffen abgäben, dann werde man die besetzten kroatischen Gebiete notfalls mit Gewalt zurückerobern.

Diese Drohungen muß die UNO ernst nehmen. Sonst gerät auch ihre Mission in Gefahr, die für viele die letzte Hoffnung auf Frieden ist. Bis jetzt wünscht sich vor allem die Zivilbevölkerung, die am meisten unter dem Krieg leidet, nichts sehnlicher als Frieden. Viele ihrer Politiker und die Befehlshaber und Kämpfer sämtlicher Seiten denken jedoch weiter an Krieg.

15. Der Krieg geht weiter: Bosnien-Herzegowina

Schon wenige Stunden nach Abschluß des Referendums über die Unabhängigkeit der Republik Bosnien-Herzegowina begann in Sarajevo der Terror. Die Stimmen waren noch nicht ausgezählt, da peitschten schon die ersten Schüsse durch die Nacht. Die Volksbefragung am 29. Februar und 1. März 1992 sollte der erste Schritt sein zu einem unabhängigen Staat, in dem Moslems, Serben und Kroaten friedlich miteinander leben. Bis dahin hatte es Präsident Alia Izetbegovič, ein Moslem, fertiggebracht, die Republik aus sämtlichen militärischen Konflikten herauszuhalten. Doch es sollte alles ganz anders kommen. Nach dem Referendum versank auch Bosnien-Herzegowina in Krieg und Chaos. Innerhalb weniger Tage und Wochen wurden weite Teile der Republik von einer beispiellosen Welle der Gewalt erfaßt.

Gleich in der Nacht nach der Wahl sperren maskierte Terroristen sämtliche Zufahrtsstraßen nach Sarajevo mit Blockaden ab. Zunächst ist nicht klar, welcher Nationalität sie angehören. Schon am nächsten Morgen erklären jedoch Vertreter der Serbischen Demokratischen Partei, die sich in Bosnien-Herzegowina zum Sprecher der radikalen Serben gemacht hat, die Maskierten seien Serbische Kämpfer, die die Interessen ihres Volkes verteidigen. In der Altstadt von Sarajevo, der Baščaršija, verschanzen sich moslemische Bewaffnete. Sie wollen die Einnahme der Stadt durch serbische Verbände verhindern. Auch die Moslems sind maskiert, auch sie agieren völlig unberechenbar. Am Tag nach dem Referendum ist die bosnische Hauptstadt fest im Griff von Terroristen. Die Straßen sind menschenleer. Die Regierung hat über Radio aufgerufen, Ruhe zu bewahren und Kinder nicht aus dem Haus zu lassen. Sarajevo ist durch zahlreiche Blockaden in mehrere moslemische und serbische Zonen aufgeteilt. Sich in der Stadt zu bewegen, ist lebensgefährlich. Denn mittlerweile sind serbische und moslemische Scharfschützen über die ganze Stadt verteilt. Sie haben sich auch in Wohnhäusern verschanzt. Auf die Bewohner, die sie damit zur Zielscheibe machen, nehmen sie keinerlei Rück-

Terror ohne Ende

sicht. Mit Maschinengewehren und Handgranaten bewachen Maskierte die Busse und Lastwagen, die sie auf den Straßen quergestellt haben, um den Verkehr lahmzulegen. Jeder, der sich ihnen nähert, wird bedroht und muß umkehren. Ein moslemischer Taxifahrer, der trotzdem an einer serbischen Blockade vorbeifahren will, wird erschossen.

Die Polizei ist machtlos. Die moslemischen Barrikaden kann sie im Laufe des Vormittags unter ihre Kontrolle bringen, nicht aber die serbischen. Präsident Alia Izetbegovič erklärt später, er habe von den serbischen Barrikadenplänen gewußt und die Jugoslawische Armee um Hilfe gebeten. Diese habe jedoch abgelehnt mit der Begründung, sie wolle den Frieden in der Republik nicht gefährden. Die serbische Regierung in Belgrad beschuldigt er, sie habe die Unruhen in Sarajevo gezielt geschürt. Die serbische Seite versucht hingegen, die Errichtung der Barrikaden als spontanen Volksaufstand darzustellen. Der Grund für die Blockaden sei der Mord an einem Serben, der am Wahltag bei einer Hochzeitsfeier in der Altstadt von Sarajevo erschossen wurde, sagt einer der serbischen Maskierten, der sich zu einem Fernsehinterview bereit erklärt hat. »Wir suchen diejenigen, die unseren serbischen Freund getötet haben, das ist alles. Es waren vier Moslems, die den Mord begangen haben. Wenn sie nicht gefunden werden, werden wir Krieg führen.« Daß der Mord an dem Serben nur ein Vorwand ist, wird schon wenige Stunden später deutlich. Die Serbische Demokratische Partei stellt der Republiksführung ein Ultimatum. Alle Vorbereitungen für eine Unabhängigkeitserklärung müßten sofort eingestellt werden – sonst könne man für nichts garantieren. Die serbischen Bewohner der umliegenden Ortschaften würden nur darauf warten, ebenfalls Barrikaden zu errichten. Derweil halten die Maskierten die Stadt weiter in Schach. Die angeblichen serbischen »Aufständischen« sind mit Waffen und Munition bestens versorgt. Über Funkgeräte stehen sie miteinander in Verbindung. Offensichtlich hören sie auf Anweisungen aus einer Kommandozentrale. All das läßt eher auf eine sorgfältige Vorbereitung und ausgeklügelte Organisation als auf eine spontane Volkserhebung schließen.

Viele Serben in Bosnien-Herzegowina boykottierten das Referendum, weil sie wie die Serben in Kroatien gegen eine Unabhängigkeit der Republik und für den Verbleib im jugoslawischen Bundesstaat waren. Trotzdem nahmen 63 % der Wähler an der Abstimmung teil – unter ihnen auch Serben, die dem Boykottaufruf ihrer Politiker nicht folgten. Für die »Unteilbarkeit und Souveränität« von Bosnien-Herzegowina sprachen sich 99,4 Prozent aus. Grund zum Jubel für die Kroaten und Moslems. Die Serben trieb dieses Ergebnis auf die Barrikaden und an die Waffen. Einen Tag lang hielten sie Sarajevo in Angst und Schrecken. Alle Vermittlungsversuche von EG-Beobachtern blieben erfolglos. Die Vertreter der Europäischen Gemeinschaft waren in Sarajevo wie alle anderen von den Barrikaden eingeschlossen und hilflos dem

Terror der Maskierten ausgesetzt. Auch eine Friedensdemonstration von moslemischen, serbischen und kroatischen Einwohnern von Sarajevo konnte nichts ausrichten. Sobald die Demonstranten sich einer der Barrikaden näherten, schossen die Bewaffneten, die die serbischen Politiker kurz zuvor noch »Vertreter des Volkes« genannt hatten, in die Menge. Sie waren zu Gesprächen nicht bereit. Erst als Republikspräsident Alia Izetbegovič sich einverstanden erklärte, mit Vertretern der serbischen Bevölkerung über die Aufteilung von Bosnien-Herzegowina in serbische, moslemische und kroatische Gebiete zu verhandeln, wurden die serbischen Blockaden abgebaut. Wenige Stunden später schien in Sarajevo wieder alles friedlich und ruhig. Aber jeder wußte genau, daß diese scheinbare Ruhe jederzeit erneut gestört werden konnte. Einen Monat später war es soweit.

Der Lösungsvorschlag der Europäischen Gemeinschaft, der der serbischen Forderung folgte und eine Aufteilung der Republik in drei Gebiete für Moslems, Serben und Kroaten vorsah, erwies sich als völlig unrealistisch und nicht durchführbar. Die Siedlungsgebiete von Moslems, Serben und Kroaten sind in Bosnien-Herzegowina ineinander verwoben wie die Muster eines Flickenteppichs. Klare Grenzen zu ziehen, ist unmöglich. Noch dazu erheben die Serben Anspruch auf zwei Drittel des Territoriums, obwohl sie nur knapp 32 % der Bevölkerung in Bosnien-Herzegowina stellen. »Wir Serben wollen alle Gebiete bekommen, wo Serben wohnen«, erklärte einer ihrer Vertreter. »Wir wollen auch weiter Teil Jugoslawiens bleiben. Wir wollen nicht in einem unabhängigen Staat Bosnien-Herzegowina leben, wo Moslems in der Mehrheit sind. Und wir werden für unsere Ziele kämpfen.«

Die Moslems, die mit fast 44 % die stärkste Bevölkerungsgruppe bilden, wollen nicht zulassen, daß die Republik aufgeteilt wird. Unter Tito wurden sie als Religionsgemeinschaft zu einer Nation innerhalb Jugoslawiens erklärt. Damit sollte ihre Einvernahme durch Serben oder Kroaten verhindert werden. Nun fürchten die Moslems erneut um ihre Eigenständigkeit. Bei einer Aufteilung der Republik könnten sie von Serben und Kroaten einfach geschluckt werden, meinen sie, denn ihre Siedlungsgebiete sind am wenigsten kompakt und über das ganze Land verstreut. »Die Serben nach Serbien, die Kroaten nach Kroatien – und die Moslems sollen irgendwohin wegziehen. So stellen sich das hauptsächlich die Serben vor«, meint ein alter Moslem in einem Dorf bei Sarajevo. »Es ist wohl klar, was das für die Moslems bedeutet: für uns bedeutet das Krieg. Das moslemische Volk wird die Aufteilung der Republik nicht zulassen.«

Die Kroaten sind in Bosnien-Herzegowina mit etwa 17,3 % die drittgrößte Bevölkerungsgruppe. Die meisten mehrheitlich kroatisch bewohnten Dörfer und Städte liegen in der West-Herzegowina, nahe der Grenze zu Kroatien. Viele Kroaten würden die Republik Bosnien-Herzegowina – genauso wie die Serben – am liebsten aufteilen. Die kroatischen Gebiete sollten nach ihren Vorstellungen dann an Kroatien angeschlossen werden. In den kroatischen Ortschaften in der West-Herzegowina wird in vielen Cafés und Geschäften bereits mit zwei Währungen bezahlt. Neben der offiziellen Republikswährung gilt dort auch der kroatische Dinar, noch dazu oftmals mit einem Kursvorteil – so, als ob dieses Gebiet gar nicht mehr zu Bosnien-Herzegowina gehöre. Noch kämpfen die Kroaten jedoch gemeinsam mit den Moslems für eine ungeteilte, selbständige Republik Bosnien-Herzegowina. Denn ihnen ist klar, daß die Pläne einer Aufteilung nach der internationalen Anerkennung des Landes auch im Ausland keine Unterstützung finden.

Als sich abzeichnete, daß Bosnien-Herzegowina international als unabhängiger Staat anerkannt werden würde, begannen extremistische Serbeneinheiten ihre Forderungen nach einem rein serbischen kontrollierten Gebiet mit Gewalt umzusetzen. Die Einheiten des Belgrader Tschetnik-Führers Arkan eroberten in Nordbosnien die Städte Bosanski Brod und Bijelina und richteten unter der Zivilbevölkerung schreckliche Massaker an. Am 3. April hieß es im Fernsehen Sarajevo: »Der Bürgerkrieg ist ausgebrochen.« Nachdem die Europäische Gemeinschaft, die Vereinigten Staaten und eine große Zahl anderer Staaten die Unabhängigkeit der Republik am 7. April 1992 schließlich anerkannt hatten, brachen überall im Land heftige Kämpfe aus – der Krieg hatte auch auf diesen Teil des ehemaligen Jugoslawien übergegriffen.

Das Muster des Krieges in Kroatien wiederholt sich in Bosnien-Herzegowina: Auch hier führte die Jugoslawische Armee zusammen mit serbischen Tschetnik-Verbänden einen Eroberungskrieg. In Kroatien versuchte sie ihre Ziele noch unter dem Deckmantel des Friedensstifters zu verbergen. In Bosnien-Herzegowina steht sie ganz offen Seite an Seite mit serbischen paramilitärischen Einheiten. Ganz unverhohlen fahren Kämpfer mit Tschetnik-Uniformen in Panzern und mit Waffen der Jugoslawischen Armee durch die Dörfer und Städte Bosniens und der Herzegowina. Er rechne mit der Fortsetzung des Krieges, meinte der Tschetnik-Führer Arkan und kündigte ganz selbstbewußt an, seine Einheiten seien auch zum Vormarsch auf Zagreb bereit. »Wir werden erst Ruhe geben, wenn der Faschismus niedergeschlagen ist und die Verantwortlichen vor uns auf dem Hauptplatz von Zagreb knien.«

Seit der Gründung des sogenannten »Neuen Jugoslawien« im April 1992, das laut Verfassung nur noch aus den Republiken Serbien und Montenegro besteht, hat die Jugoslawische Armee ihre in Bosnien-Herzegowina stationierten Einheiten ganz offiziell in »Serbische Armee der Republik Bosnien-Herzegowina« umbenannt. Präsident Alia Izetbegovič erklärt auch diese Armee zur Besatzungsmacht und forderte ihren Abzug. Aber die Serbische Armee denkt nicht daran, sich aus Bosnien-Herzegowina zurückzuziehen. Kein Wunder: 65 % der ehemals jugoslawischen Militärindustrie befinden sich in Bosnien-Herzegowina, ebenso die wichtigsten Luftwaffenstützpunkte. Ein Rückzug aus diesem Gebiet würde für die Armee eine enorme Schwächung ihrer Kampfkraft bedeuten. Außerdem sind schätzungsweise 80 000–100 000 Soldaten dort stationiert. »Wohin sollen sie denn abziehen?« fragte einer ihrer Befehlshaber. »Sie werden nirgendwohin gehen – niemals. Bosnien-Herzegowina ist ihre Republik. Die Soldaten der Armee werden sie verteidigen und auch sich selber schützen.« Die Armeebefehlshaber wollen erreichen, daß ihre Einheiten zumindest in den mehrheitlich serbisch bewohnten Gebieten bleiben können. Und dieses Ziel setzen sie mit aller Gewalt durch. Als Einheiten der bosnischen Miliz das Hauptquartier der Armee in Sarajevo umstellten, um einen Rückzug zu erzwingen, ließ die

Armeeführung in Belgrad kurzerhand Präsident Alia Izetbegovič »in Gewahrsam nehmen« und erzwang so die Aufhebung der Blockade: ein politisches Kidnapping, das weltweit Empörung hervorrief.

Der Krieg in Bosnien-Herzegowina wird mit unerbittlicher Härte geführt – auf allen Seiten. Allein in den ersten Wochen nach Kriegsbeginn kamen nach offiziellen Angaben Tausende ums Leben. Im Sommer 1992 waren bereits mehr als 1,3 Mio. Menschen auf der Flucht. Denn wie schon im Zweiten Weltkrieg ist auch in diesem Krieg besonders die Zivilbevölkerung Ziel von Überfällen, Massakern und Racheakten. Ob Moslems, Serben oder Kroaten: die Menschen haben gleichermaßen Angst. Die Zahl und Organisation der kämpfenden Einheiten ist unübersichtlich. Und dabei ist das Land vollgestopft mit Waffen. Im Gegensatz zu Slowenien und Kroatien war in Bosnien-Herzegowina lange genug Zeit für Waffenkäufe und Kriegsvorbereitung. Die Serben werden von der Armee versorgt, die Kroaten bekommen Nachschub über Kroatien, und die Moslems haben ihre Verbündeten bei den Glaubensbrüdern im Iran, der Türkei, Libyen und anderen Ländern der islamischen Welt. Vermittlungsversuche werden immer schwieriger. Denn alle Seiten sind unberechenbar und unzuverlässig. Oftmals finden sich nicht einmal mehr Gesprächspartner, die sich überhaupt für verantwortlich oder zuständig erklären.

Mehr als ein Jahr nach Kriegsbeginn bleibt wenig Hoffnung auf einen baldigen Frieden im ehemaligen Jugoslawien. Der Krieg geht weiter – grausamer und brutaler denn je. Und selbst wenn es gelingen sollte, die Kämpfe zu beenden: der Haß zwischen den Völkern wird lange bleiben. Er ist stärker als der Wille zur Versöhnung.